Doppel-Klick

Arbeitsheft Deutsch 6

Mittelschule Bayern

Schreiben
Mit Texten umgehen
Rechtschreiben
Grammatik

Erarbeitet von
Susanne Bonora (Scheßlitz),
Sylvelin Leipold (Burgebrach),
Petra Maier-Hundhammer (München)

scook

Deine **interaktiven Gratis-Übungen** findest du hier:

1. Gehe auf scook.de/bayern
2. Gib den unten stehenden Zugangscode in die Box ein.
3. Hab viel Spaß mit deinen Gratis-Übungen.

Dein Zugangscode auf
www.scook.de/bayern | **fyby3-hywhu**

Die Mediencodes enthalten zusätzliche Unterrichtsmaterialien, die der Verlag in eigener Verantwortung zur Verfügung stellt.

Cornelsen

Inhaltsverzeichnis

Rechtschreiben

Rechtschreibstrategien und Regeln 44

Texte lesen – üben – richtig schreiben 56

Grammatik

Wortarten verwenden 66

Satzglieder verwenden 86

Sätze untersuchen 91

Schrift und Schreiben

Druckschrift schreiben

Druckschrift kann man besser lesen als Schreibschrift.
Deshalb schreiben viele Menschen in Druckschrift.
Das sind die großen und die kleinen Buchstaben des Alphabets in Druckschrift.

Aa Bb Cc Dd Ee Ff Gg Hh Ii

Jj Kk Ll Mm Nn Oo Pp Qq Rr

Ss Tt Uu Vv Ww Xx Yy Zz

1 Schreibe die Buchstaben mit einem dünnen Stift sorgfältig nach.

Nun kannst du die Buchstaben in Druckschrift üben.

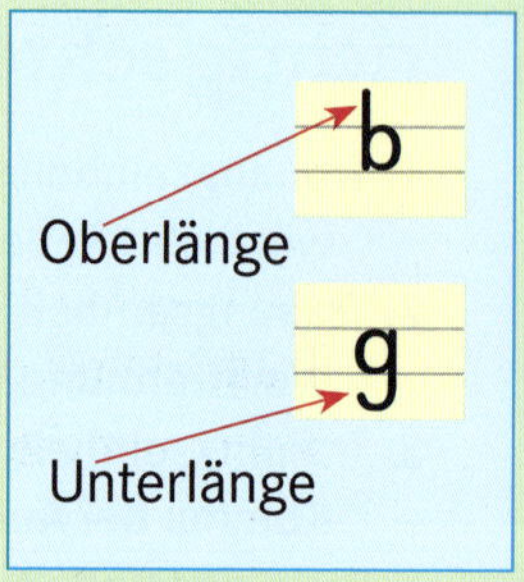

2 Schreibe die Buchstaben in Druckschrift auf die Linien.
- Manche Buchstaben passen genau in die Linien.
- Manche Buchstaben haben eine Überlänge oder eine Unterlänge.

Schreibe alle großen Buchstaben.

A

Schreibe alle Buchstaben, die genau in die Linien passen.

a

Schreibe alle Buchstaben, die eine Oberlänge haben.

b

Schreibe alle Buchstaben, die eine Unterlänge haben.

g

Ein Formular ausfüllen

Inga möchte einen Schülerausweis beantragen.
Dazu muss sie zunächst ein Formular ausfüllen.

1 Lies das Formular.

Antrag für einen Schülerausweis

Familienname, Vorname: *Koch, Inga*

Geburtsdatum: *2. Februar 2007*

Straße, Hausnummer: *Blumenstraße 17*

Wohnort: *12345 Neustadt*

Schule: *Wilhelm-Schule*

Adresse der Schule: *Schulstraße 5, 12345 Neustadt*

Ort, Datum: *Neustadt, 16.10.2018*

Unterschrift: *Inga Koch*

2 Fülle das Formular für dich aus.
Trage deine persönlichen Angaben in Druckschrift ein.
Achte auf die Oberlängen und die Unterlängen.

Antrag für einen Schülerausweis

Familienname, Vorname: ______________________

Geburtsdatum: ______________________

Straße, Hausnummer: ______________________

Wohnort: ______________________

Schule: ______________________

Adresse der Schule: ______________________

____

Ort, Datum: ______________________

Unterschrift: ______________________

Nachschlagen

Im Wörterbuch nachschlagen

Arbeitstechnik: Nachschlagen

- Suche das Wort unter dem richtigen Buchstaben des Alphabets.
  Die Leitwörter helfen dir dabei.
- Wenn die Wörter mit demselben Buchstaben beginnen, musst du dich nach dem zweiten Buchstaben richten. Manchmal musst du dir den dritten, vierten oder fünften Buchstaben ansehen.

Um unbekannte Wörter in Texten zu verstehen, kannst du sie in einem Wörterbuch nachschlagen.

1 Lies die Sätze über die Eigenschaften von Wasser.

Wasser ist eine transparente, geruchlose Flüssigkeit.
Wasser besteht aus einem Atom Sauerstoff und zwei Atomen Wasserstoff.
Wird Wasser auf 100 °C erhitzt, entsteht Wasserdampf.
Unter 0 °C gefriert Wasser zu Eis.

2 **a.** Finde die hervorgehobenen Wörter in den folgenden Ausschnitten aus einem Wörterbuch.
b. Lies die Worterklärungen.

tran|si|tiv (Adjektiv) GRAMMATIK so, dass ein Verb ein Akkusativobjekt haben kann: *In „Pia schreibt ein Buch." ist „schreiben" ein transitives Verb.*
trans|pa|rent (Adjektiv) durchsichtig, lichtdurchlässig
das **Trans|pa|rent** (Nomen) **des Transparent(e)s, die Transparente** ≈Spruchband ein großes Stück Stoff oder Papier mit Text, das bei Demonstrationen getragen wird
die **Trans|plan|ta|ti|on** (Nomen) [transplantaˈtsi̯oːn] **der Transplantation,**

T

die **At|mo|sphä|re** (Nomen) [atmoˈsfɛːrə] **der Atmosphäre, die Atmosphären**
❶ die Luft, die die Erde und andere Planeten umgibt
❷ ≈Stimmung die Ausstrahlung in einem Raum oder zwischen Menschen: *eine angespannte Atmosphäre*
die **At|mung** (Nomen) nur im Singular **der Atmung** das Atmen
das **Atom** (Nomen) **des Atoms, die Atome** der kleinste Teil eines chemischen Elements, den man früher als unteilbar betrachtete
die **Atom|bom|be** (Nomen) **der Atombombe,**

3 Beantworte die folgenden Fragen zum Thema **Wasser**.
Nutze dazu die Worterklärungen aus dem Wörterbuch.

Welche Eigenschaften hat die Flüssigkeit Wasser?

Woraus besteht Wasser?

Das Nachschlagen von Fremdwörtern übst du mit Hilfe des folgenden Textes.

4 Lies den Text.

Wasservorkommen

Nicht nur wir Menschen, auch alle Pflanzen und Tiere benötigen zum Leben Wasser. Auf der Erde befinden sich immense Wasservorräte. Es gibt unzählige Flüsse, Seen und viele Meere. Sogar in der Atmosphäre findet man Wasser in Form von Wasserdampf. Allerdings ist fast alles Wasser auf der Erde Salzwasser und somit für den Menschen und für viele Tier- und Pflanzenarten ungeeignet. Süßwasser hingegen ist in einigen Teilen der Erde äußerst knapp. Deswegen sollten wir uns alle intensiv darum bemühen, Wasser nicht zu verschwenden.

5 **a.** Schlage die folgenden Begriffe aus dem Text in einem Wörterbuch nach.
b. Schreibe die Bedeutungen auf.

immens: ____________________

die Atmosphäre: ____________________

intensiv: ____________________

6 Schreibe den Text „Wasservorkommen" in dein Heft.
Ersetze dabei die Fremdwörter durch deutsche Wörter.

In manchen Texten stehen Abkürzungen. Diese sind im Wörterbuch erklärt.

● **7** Lies den folgenden Text.

Virtuelles Wasser

Unter dem sog. virtuellen Wasser versteht man unsichtbares Wasser, das im Essen, in Getränken, in der Bekleidung, in technischen Geräten usw. „versteckt" ist. Für die Herstellung und den Transport von Lebensmitteln werden nämlich oft riesige Wassermengen benötigt. So werden z. B. für 1 Kilogramm Äpfeln etwa 700 Liter Wasser verbraucht. Für 1 Kilogramm Käse sind es ca. 5 000 Liter. Für 1 Kilogramm Rindfleisch wird ein Wasserverbrauch von 15 500 Litern geschätzt.

● **8** Schlage die folgenden Abkürzungen nach und schreibe ihre Bedeutungen auf.

sog. ____________________ usw. ____________________

z. B. ____________________ ca. ____________________

● **9** **a.** Lies die folgenden Aussagen.
b. Kreuze an, ob die Aussagen richtig oder falsch sind.

Virtuelles Wasser ist nur in Lebensmitteln „versteckt".	☐ richtig	☐ falsch
Für ein Kilogramm Käse werden genau 5 000 Liter Wasser verbraucht.	☐ richtig	☐ falsch

Der Textknacker

Einen Sachtext und eine Grafik verstehen

Arbeitstechnik: Einen Sachtext mit dem Textknacker lesen

1. Schritt: Vor dem Lesen
Du siehst dir den Text als Ganzes an.
- Was weißt du schon über das Thema?
- Was erzählen dir die Bilder und die Überschrift?
- Worum könnte es gehen?

2. Schritt: Das erste Lesen
Du überfliegst den Text oder du liest ihn einmal durch.
- Was fällt dir auf?
- Was kennst du schon?
- Worum geht es?

3. Schritt: Den Text genau lesen
Du achtest auf:
- die Überschrift
- die Absätze
- die Schlüsselwörter
- unbekannte Wörter

4. Schritt: Nach dem Lesen
Du arbeitest mit dem Inhalt des Textes.

Der Textknacker hilft dir, den Sachtext auf den Seiten 9 und 10 zum Thema „Wasser“ zu verstehen.

1. Schritt: Vor dem Lesen

1 Was weißt du schon über die Bedeutung von Wasser für Menschen, Tiere und die Natur? Sammle dazu Stichworte in einem Cluster in deinem Heft.

Starthilfe

2 Bilder erzählen dir viel, schon bevor du mit dem Lesen anfängst.
a. Sieh dir die Bilder neben dem Sachtext genau an.
b. Schreibe zu dem Bild auf Seite 9 Stichworte auf.

3 Die Überschrift verrät dir etwas über das Thema des Sachtextes.

a. Lies die Überschrift.

b. Worum geht es in dem Sachtext vermutlich?
Schreibe es auf.

Der Sachtext informiert vermutlich darüber, ______

______

2. Schritt: Das erste Lesen

4 Der Sachtext ist in zwei Teile gegliedert.
Du kannst nur Teil I oder beide Teile bearbeiten.

a. Überfliege den Sachtext.

b. Welche Wörter oder Wortgruppen sind dir in Teil I aufgefallen?
Markiere sie im Kasten am Rand.

c. Schreibe Wörter aus Teil II auf, die dir beim ersten Lesen aufgefallen sind.

______

______

______

______

zwei Tage
1,5 bis zwei Liter
der Bauarbeiter
der Leistungssportler
dreifache Menge
die Krankheiten
der Körper
zu drei Vierteln aus Wasser
das Schwitzen
die Urinaus-scheidungen
das Atmen
die Lebensmittel

5 Schreibe auf, worum es in dem Text geht.

In dem Text geht es um ______

______

______

Wasser ist lebenswichtig Volker Thomas

Teil I

1 ______

Niemand überlebt lange ohne Wasser, weder Mensch noch Tier. Kamele gelten als Weltmeister darin, Durst auszuhalten, doch irgendwann müssen auch sie Wasser trinken. Zwei Tage ist die Faustregel für den Menschen, länger hält der Organismus* nicht durch, ohne Flüssigkeit aufzunehmen. Täglich brauchen wir 1,5 bis zwei Liter, bei Hitze noch gut einen halben bis einen Liter mehr. Dieser Bedarf gilt aber nur für Menschen, die gesund sind und keine körperlich anstrengenden Tätigkeiten ausführen. Bauarbeiter oder Leistungssportler benötigen die doppelte bis dreifache Menge. Auch bei Krankheiten mit Fieber, Erbrechen oder Durchfall ist der Wasserbedarf erhöht. Und wir müssen immer wieder „nachfüllen", denn anders als manche Tiere können wir Wasser nicht speichern.

* der Organismus: das gesamte System der Organe

2

Der Körper eines jungen Erwachsenen besteht zu drei Vierteln aus Wasser. Der Wassergehalt nimmt mit dem Alter ab, aber gerade alte Menschen dürfen das Trinken nicht vergessen, damit ihr Wasserhaushalt nicht gefährdet wird. Täglich verlieren wir durch Schwitzen, Urinausscheidungen, ja sogar durch das Atmen bis zu 2,5 Liter Wasser. Den Verlust müssen wir durch Trinken ausgleichen. Zusätzlich nehmen wir Wasser auch durch Lebensmittel zu uns. Fast alles, was wir essen, besteht zu einem Teil aus Wasser.

3

Was macht Wasser alles in unserem Körper? Es lässt das Blut fließen, schützt die Zellen, treibt das Gehirn an, lässt die Nieren richtig arbeiten und die Muskeln spielen. Schon wenn die übliche Wassermenge um nur fünf Prozent sinkt, gerät der Körper in Stress. Dann funkt er an das Gehirn: „Durst, viel Durst, sofort trinken!"

Teil II

4

Bei Wassermangel trocknet der Körper aus. Man sollte zum Beispiel nicht bei 38 Grad im Schatten Marathon laufen, ohne regelmäßig viel zu trinken. Sonst gerät man in Gefahr, schon nach ein paar Stunden auszutrocknen. Das Blut wird dann zähflüssig. Der Blutdruck sinkt, das Gehirn bekommt nicht genug Flüssigkeit. Das führt zu Schwindel. Die Haut trocknet aus und wird spröde. Als Nächstes trifft es die Nieren: Sie scheiden keinen Urin mehr aus. Die Giftstoffe bleiben also im Körper. Irgendwann gerät das Herz aus dem Takt und das Gehirn schaltet sich ab. Bei großer Hitze hilft deshalb nur: Anstrengungen vermeiden, möglichst im Schatten bleiben und viel trinken.

Sprachspeicher
der Wassermangel
die Folgen

5

Tiere haben verschiedene Möglichkeiten, um sich vor Austrocknung zu schützen. Von Kamelen heißt es, wenn sie einmal 200 Liter getrunken haben, könnten sie 40 Tage damit auskommen. Ihr Geheimnis: Sie haben wie Kühe mehrere Mägen. Darin können sie Wasser speichern. Und beim Urinieren scheiden sie die Giftstoffe, aber kaum Wasser aus. Dass sie Wasser in ihren Höckern einlagern, ist dagegen ein Gerücht – die Höcker enthalten hauptsächlich Fett. Viele Insekten hingegen schützen sich durch einen festen Panzer vor Wasserverlust. Reptilien wie das Krokodil oder der Leguan haben Schuppen, die sie vor Austrocknung bewahren. Überdies können sie ihre Körpertemperatur der Umgebung anpassen, sodass sie weniger schwitzen müssen.

Sprachspeicher
die Tiere
die Austrocknung
schützen

3. Schritt: Den Text genau lesen

Absätze gliedern den Sachtext.

6 **a.** Lies den Sachtext nun Absatz für Absatz.
b. Ordne den Absätzen 1 bis 3 die Zwischenüberschriften vom Rand zu.
● **c.** Schreibe über die Absätze 4 und 5 passende Zwischenüberschriften.

Der Wasserhaushalt im Körper

Die Aufgaben des Wassers im Körper

Überleben ohne Wasser?

Schlüsselwörter helfen dir, die wichtigsten Informationen zu finden. Häufig beantworten sie W-Fragen (Was? Wie? Warum? ...).

7 **a.** Lies die hervorgehobenen Wörter in den ersten beiden Absätzen.
b. Unterstreiche in Absatz 3 Schlüsselwörter.
Die W-Fragen am Rand helfen dir.
● **c.** Unterstreiche in den Absätzen 4 und 5 Schlüsselwörter.

Was macht Wasser in unserem Körper?

Wie reagiert der Körper auf Wassermangel?

Wie sollte man sich bei großer Hitze verhalten?

8 Schreibe zu jedem Absatz Schlüsselwörter auf.

Absatz 1: ______

Absatz 2: ______

Absatz 3: ______

● Absatz 4: ______

● Absatz 5: ______

Manchmal ist ein unbekanntes Wort wichtig, um eine Textstelle zu verstehen.

9 **a.** Manchmal wird ein Wort am Rand erklärt.
Was bedeutet das Wort **Organismus** (Zeile 4)? Schreibe die Erklärung auf.

der Organismus: ______

● **b.** Erkläre das Wort **Faustregel** (Zeile 4) mit deinen eigenen Worten.

Eine Faustregel ist eine Regel, die ______

4. Schritt: Nach dem Lesen

10 Beantworte die folgenden Fragen zum Sachtext in ganzen Sätzen.

Wie viel Wasser braucht ein Mensch täglich?

Täglich braucht ein Mensch

Wodurch verlieren Menschen hauptsächlich Flüssigkeit?

Wie können wir dem Körper Wasser geben, ohne zu trinken?

Welche Aufgaben hat das Wasser im Körper eines Menschen?

● Was geschieht im Körper bei Wassermangel?

● Warum kommen Kamele lange ohne Wasser aus?

● **11** Was hast du im Sachtext Neues über die Bedeutung von Wasser erfahren? Schreibe die wichtigsten Informationen in einer Mindmap in dein Heft.

Starthilfe

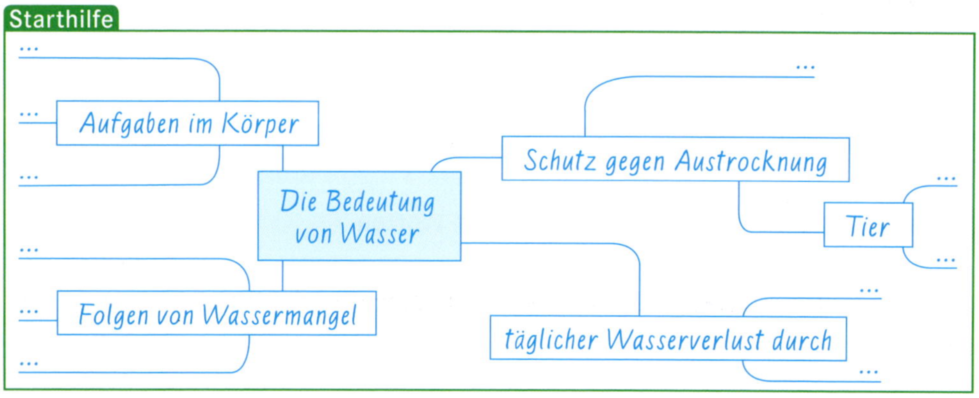

**Die folgende Grafik gibt zusätzliche Informationen zum Sachtext.
Mit dem Textknacker kannst du die Grafik verstehen.**

Textknacker für Grafiken
➤ **Umschlaginnenseite hinten**

1. Schritt: Vor dem Lesen

12 **a.** Sieh dir die Grafik an und lies die Überschrift.
b. Worüber könnte die Grafik informieren? Schreibe es in dein Heft.

2. Schritt: Das erste Lesen

13 Sieh dir die Grafik genauer an.
Worüber informiert die Grafik? Kreuze an.

☐ den Anteil des Wassers in Lebensmitteln

☐ den Wasserbedarf des Menschen beim Verzehr bestimmter Lebensmittel

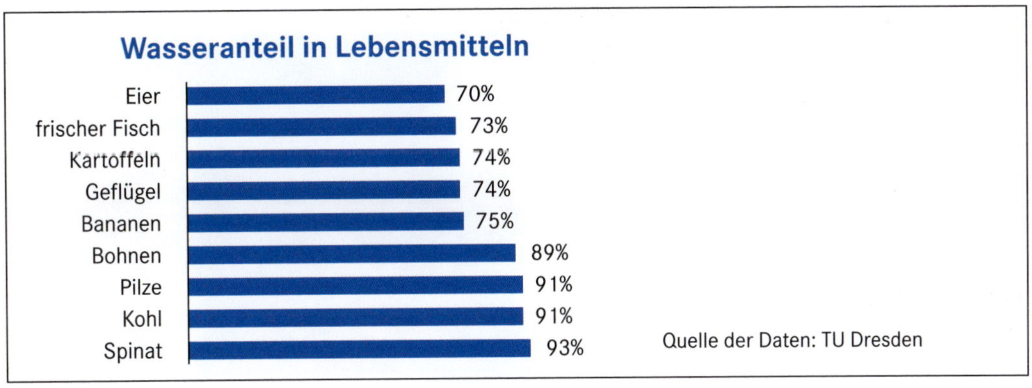

3. Schritt: Die Grafik genau lesen

14 **a.** Lies die folgenden Aussagen zur Grafik.
b. Sind die Aussagen richtig oder falsch? Kreuze an.

	richtig	falsch
Kartoffeln enthalten mehr Wasser als Bohnen.	☐	☐
Zwei Lebensmittel enthalten gleich viel Wasser.	☐	☐
● Tierische Produkte enthalten kein Wasser.	☐	☐

● **15** **a.** Formuliere eine Frage, die du mit Hilfe der Grafik beantworten kannst.
b. Schreibe auch die Antwort dazu auf.

____

____

4. Schritt: Nach dem Lesen

16 Was stellt die Grafik dar? Welche Informationen findest du besonders wichtig?
Schreibe einen kurzen Text in dein Heft.

Sprachspeicher
der Wassergehalt
die Lebensmittel
die Gemüsesorten
die tierischen Produkte

Einen Sachtext und eine Grafik verstehen

Der folgende Sachtext und die Grafik informieren dich über das Thema „Wasser in Lebensmitteln".

1 Lies den Text und die Grafik Schritt für Schritt mit dem Textknacker.

Ohne Wasser keine Nahrung Volker Thomas

Bei Wassermelonen fällt es schon am Namen auf: Sie bestehen fast nur aus Wasser. Dabei liegen sie noch nicht einmal auf Platz eins der wasserreichsten Lebensmittel. Die Salatgurke hat mit 96 Prozent einen noch höheren Wasseranteil. Lebensmittel, die zu mehr als der Hälfte aus Wasser bestehen, gelten als wasserreich. Auch frische Pilze enthalten viel Wasser. Das gilt auch für Gemüse und Obst wie Tomaten, Paprika, Erdbeeren, Papayas, Zucchini und Rhabarber.

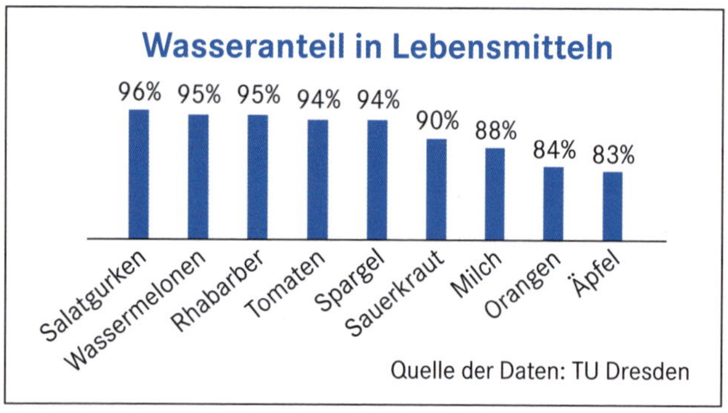

Oft wird der Wasseranteil in der Nahrung unterschätzt. Bei Lebensmitteln wie Geflügel, Wurst und manchen Sorten Käse vermutet niemand 50 bis 75 Prozent Wasser. Schnittkäse besteht zum Beispiel zu über 60 Prozent aus Wasser, bei Frischkäse ist der Gehalt noch höher. Auch Brot, Kuchen und Marmelade sind immer noch zu mindestens 25 Prozent aus Wasser.

Warum ist das so? Was macht das viele Wasser in unserer Nahrung? Bei Pflanzen liegt es auf der Hand – sie kommen ohne Wasser nicht aus. Wird eine Pflanze – also die Tomate, der Salat oder die Banane – von ihrer Wurzel getrennt, bleibt das Wasser zwar zunächst in der Pflanze, aber es beginnt zu verdunsten. Und weil nichts mehr nachkommt, trocknet die Tomate aus und der Salat verwelkt. Weil das Wasser auch dabei hilft, die Nährstoffe in der Pflanze frisch zu halten, schmeckt welkes Obst oder Gemüse nicht mehr. Das weiß jeder, der schon mal eine eingetrocknete Salatgurke oder einen verschrumpelten Apfel in den Tiefen des Kühlschranks gefunden hat. Gleichzeitig steigt die Anfälligkeit für Bakterien und Schimmel.

Das Wasser begegnet uns aber in fast jeder Nahrung täglich, auch wenn wir mal nicht gerade Obst und Gemüse essen. Wasser, Mehl, Sauerteig, Salz und Hefe – das sind die Grundbestandteile des Brotes. Wasser, Eier und Mehl braucht man, um Nudeln herzustellen. Wasser hilft aber auch bei der Herstellung von Wurst: In Form von Eis kühlt es das Fleisch beim Mischvorgang und hält es frisch. Später hilft Wasser dann, die Wurst knackig zu machen, indem es sich mit dem Fett und dem Eiweiß in der Fleischmasse verbindet.

Mit Hilfe der folgenden Tabelle kannst du überprüfen, wie gut du den Text und die Grafik verstehst.

2 **a.** Kreuze an, ob die folgenden Aussagen zum Sachtext und zur Grafik richtig oder falsch sind.
b. Notiere jeweils die entsprechende Zeilenangabe in der rechten Spalte.
c. Wenn du eine Aussage in der Grafik gefunden hast, schreibe in die rechte Spalte ein G.

Aussagen zum Text und zur Grafik	richtig	falsch	Zeile/Grafik
1. Die Wassermelone hat den höchsten Wasseranteil aller Lebensmittel.	☐	☐	
2. Die Salatgurke enthält mehr Wasser als die Wassermelone.	☐	☐	
3. Lebensmittel, die zu mehr als der Hälfte aus Wasser bestehen, gelten als wasserreich.	☐	☐	
4. Geflügel und Wurst enthalten wenig Wasser.	☐	☐	
5. Rhabarber enthält gleich viel Wasser wie die Wassermelone.	☐	☐	
6. Brot, Marmelade und Käse bestehen zu mindestens 25 Prozent aus Wasser.	☐	☐	
7. Pflanzen kommen auch mit wenig Wasser aus.	☐	☐	
8. Milch enthält 88 Prozent Wasser.	☐	☐	
9. Wenn die Pflanze von der Wurzel getrennt wird, vertrocknet sie.	☐	☐	
10. Das Wasser hilft auch, Lebensmittel frisch zu halten.	☐	☐	
11. In vertrocknetem Obst und Gemüse sind eher Bakterien und Schimmel.	☐	☐	
12. Wasser begegnet uns in fast jeder Nahrung täglich.	☐	☐	
13. Für die Herstellung von Brot und Nudeln braucht man Wasser, Mehl und Hefe.	☐	☐	
14. Wurst enthält kein Wasser.	☐	☐	
15. Orangen, Rhabarber und Äpfel gehören zu den wasserreichen Obstsorten.	☐	☐	

Wie gut verstehst du den Text und die Grafik? Werte dein Ergebnis aus.

☐ / 15 Punkte

3 Vergleiche deine Antworten aus Aufgabe 2 mit dem Lösungsheft. Dort kannst du auswerten, wie gut du schon Texte und Grafiken lesen und verstehen kannst.

Auswertung ➤ **Lösungsheft**

Meinungen schriftlich begründen

Meinungen äußern

Arbeitstechnik: Eine Meinung schriftlich begründen

1. Schritt: Den Text planen
Eine Meinung (Behauptung) begründest du mit Argumenten.
- Finde Pro-Argumente, wenn du dafür bist.
- Finde Kontra-Argumente, wenn du dagegen bist.

2. Schritt: Den Text schreiben
- Ordne deine Argumente.
- Begründe deine Meinung mit **denn**- oder **weil**-Sätzen.

3. Schritt: Den Text überarbeiten
- Überprüfe deinen Text. Verwende Checklisten.
- Überarbeite deinen Text. Achte auf die Rechttschreibung.

Die Schülermitverantwortung diskutiert darüber, ob in der Schule ein Wasserspender aufgestellt werden soll.

Wasser schmeckt mir nicht!

Wir vermeiden Müll, weil jeder sein eigenes Trinkgefäß mitbringt.

Manche Schülerinnen und Schüler veranstalten bestimmt Wasserschlachten.

Im Sommer habe ich immer ganz viel Durst. Dann kann ich jederzeit so viel trinken, wie ich will.

Wasser ist doch viel gesünder als das süße Limonadenzeug. Man weiß ja, dass zu viel Zucker schlecht für den Körper ist.

Der Hausmeister hat mehr Arbeit, denn er muss den Wasserspender auffüllen und reinigen.

1 Die Schülerinnen und Schüler haben unterschiedliche Meinungen.

a. Welche Gründe (Argumente) nennen die Schülerinnen und Schüler?
- Unterstreiche Gründe für einen Wasserspender in der Schule grün.
- Unterstreiche Gründe gegen einen Wasserspender in der Schule blau.

b. Welche Meinung hast du? Schreibe sie mit einer Begründung auf.

Eine Meinung in einer E-Mail begründen

In einer E-Mail möchten die Schülerinnen und Schüler den Schulleiter, Herrn Strobel, überzeugen, einen Wasserspender aufzustellen. Dazu sammeln sie Gründe.

1 a. Lies die folgenden Sätze.
b. Ein Satz enthält keine Begründung. Kreuze ihn an.
c. Unterstreiche in den übrigen Sätzen die Begründungen grün.
Tipp: Achte auf **denn-** und **weil-**Sätze.

- ☐ Ein Wasserspender schont die Umwelt, denn jeder bringt sein Trinkgefäß mit und es werden weniger Dosen, Plastikflaschen und Tetra Paks verbraucht.
- ☐ Durch den Wasserspender werden die Schultaschen leichter, weil jeder nur ein leeres Trinkgefäß mitbringen muss.
- ☐ Ein Wasserspender in der Schule spart Zeit, denn die Schülerinnen und Schüler müssen in der Pause nicht mehr zum Kiosk laufen.
- ☐ Jede Schule sollte einen Wasserspender haben.

2 Verbinde die folgenden Behauptungen mit den passenden Begründungen.

Ein Wasserspender ist umweltfreundlich, ...	... denn sie trinken dann weniger zuckerhaltige Getränke.
Ein Wasserspender spart Geld, ...	... denn jeder bringt sein Trinkgefäß mit und es werden weniger Getränkeverpackungen verbraucht.
Ein Wasserspender ist gesund für die Schülerinnen und Schüler, ...	... denn Wasser ist billiger als Limonade oder Saft.

3 Schreibe zu dieser Behauptung eine Begründung auf.

Ein Wasserspender in der Schule fördert das Trinken, denn

____

____

4 Schreibe selbst eine Behauptung mit Begründung für einen Wasserspender in der Schule auf.

____

____

____

Plane nun die E-Mail an Herrn Strobel.
Du kannst in der E-Mail zuerst auf Probleme hinweisen.
Dann kannst du den Wasserspender als Lösung nennen und Gründe dafür aufzählen.

5 Welche Probleme könnte es geben?
Schreibe dazu Stichworte auf.

lange Schlangen beim Kiosk
Durst, vor allem im Sommer
Müll in Form von Dosen, Tetra Paks und Plastikflaschen

6 Mit welchen Gründen lässt sich Herr Strobel überzeugen?

a. Wähle drei Gründe von Seite 17 aus.
Schreibe die Gründe in die Tabelle.

● **b.** Ordne deine Gründe in einer sinnvollen Reihenfolge.
Nummeriere deine Gründe.
Tipp: Am besten überzeugst du, wenn du den stärksten Grund zuletzt verwendest.
Überlege dazu, welcher Grund für Herrn Strobel am wichtigsten ist.

	Gründe (Argumente)
☐	
☐	
☐	

Nun kannst du die E-Mail an Herrn Strobel schreiben.
Warum soll er einen Wasserspender in der Schule aufstellen lassen?
Schreibe die E-Mail in dein Heft.

7 Wähle eine passende Anrede aus.

☐ *Hallo Herr Strobel,*   ☐ *Lieber Herr Strobel,*

8 Welche Probleme kann der Wasserspender lösen?
a. Schreibe die Probleme auf. Verwende deine Notizen aus Aufgabe 5.
b. Fordere Herrn Strobel dazu auf, einen Wasserspender aufzustellen.

9 Warum soll Herr Strobel einen Wasserspender aufstellen?
Schreibe drei Gründe auf. Verwende deine Notizen aus Aufgabe 6.
- Begründe mit **denn**- und **weil**-Sätzen.
- Nenne den stärksten Grund zuletzt.

Starthilfe

... Herr Strobel,

es gibt an unserer Schule einige Probleme, denn ...
Diese Probleme können ganz einfach gelöst werden.
Dazu möchten wir Ihnen diesen Vorschlag machen: ...
Es gibt viele Gründe für einen Wasserspender in der Schule: ...

Wir hoffen, dass ...
...

Sprachspeicher
Für den Wasserspender spricht auch, dass ...
Denken Sie auch daran, dass ...
Wir sind außerdem davon überzeugt, dass ...

10 Beende deine E-Mail mit einem passenden Gruß und deinem Namen.

Anschließend kannst du deine E-Mail überarbeiten.

11 **a.** Überprüfe deine E-Mail mit Hilfe der folgenden Checkliste.
b. Überarbeite anschließend deine E-Mail.

Checkliste: Eine Meinung in einer E-Mail begründen	*Ja*	*Nein*
– Habe ich eine höfliche Anrede aufgeschrieben?	☐	☐
– Habe ich meine Meinung begründet?	☐	☐
– Habe ich drei Gründe genannt?	☐	☐
– Habe ich die E-Mail mit einem passenden Gruß beendet?	☐	☐
– Habe ich alles richtig geschrieben?	☐	☐

12 Was ist dir gut gelungen? Was möchtest du noch üben?
Schreibe Stichworte auf.

Einen Vorgang beschreiben

Eine Vorgangsbeschreibung planen

Arbeitstechnik: Einen beobachteten Vorgang beschreiben

1. Schritt: Die Vorgangsbeschreibung planen
- Notiere alle benötigten Materialien und Arbeitsmittel.
- Schreibe in Stichworten die Arbeitsschritte auf und ordne sie.

2. Schritt: Die Vorgangsbeschreibung schreiben
- Formuliere eine passende Überschrift.
- Nenne zuerst die Materialien und Arbeitsmittel.
- Beschreibe die Schritte genau und in der richtigen Reihenfolge.
  - Entscheide dich für eine Form der Anrede:
  - Du legst ... oder Man legt ...
  - Verwende das Präsens.
  - Nutze Satzanfänge, welche die zeitliche Abfolge verdeutlichen: zuerst, dann, danach ...

3. Schritt: Die Vorgangsbeschreibung überarbeiten
- Überprüfe deine Vorgangsbeschreibung. Verwende Checklisten.
- Überarbeite die Vorgangsbeschreibung. Achte auf die Rechtschreibung.

Die Schülerinnen und Schüler der Klasse 6a stellen Tätigkeiten im Haushalt vor.
Mara zeigt, wie man eine Zimmerpflanze umtopft.
Diesen Vorgang kannst du beschreiben.

1 Sieh dir die Bilder genau an. Sie zeigen die Arbeitsschritte 1 bis 8.

Sprachspeicher
- eine Tonscherbe
- ein Blumentopf mit passendem Untersetzer

Welche Materialien und Arbeitsmittel braucht Mara?

2 Schreibe eine Materialliste.
a. Sieh dir noch einmal die Bilder auf Seite 20 an.
b. Schreibe die Materialien und Arbeitsmittel auf.

Bei einer Anleitung ist die richtige Reihenfolge der Arbeitsschritte wichtig.

3 Ordne die folgenden Arbeitsschritte den Bildern 1 bis 8 zu.
a. Sieh dir noch einmal die Bilder auf Seite 20 an.
b. Nummeriere die Arbeitsschritte.

- ☐ Erde von allen Seiten auffüllen
- ☐ Pflanze aus dem Topf lösen
- ☐ Pflanze gießen
- ☐ lockere Erde vorsichtig von den Wurzeln abklopfen
- ☐ niedrige Erdschicht einfüllen
- ☐ Loch im Topfboden mit der Tonscherbe abdecken
- ☐ Pflanze mit den Wurzeln in die Mitte des Topfes setzen
- ☐ Topf ein paarmal auf der Arbeitsfläche aufstoßen

4 Was tut Mara bei den Arbeitsschritten genau?
Schreibe zu jedem Bild Stichworte auf.

1:
2:
3:
4:
5:
6:
7:
8:

Sprachspeicher
lösen
abklopfen
abdecken
einfüllen
setzen
auffüllen
aufstoßen
gießen
der Wurzelballen
die Tonscherbe
die Erdschicht
die Arbeitsfläche
das Abzugsloch

Du kannst zu einzelnen Arbeitsschritten Erklärungen einfügen. So erfahren die Leserinnen und Leser, worauf sie bei dem Vorgang achten müssen.

5 Zu welchen Arbeitsschritten gehören die folgenden Erklärungen? Nummeriere sie.

☐ Dadurch werden alle Hohlräume im Topf mit Erde ausgefüllt.

☐ So können sich die Wurzeln in alle Richtungen gleichmäßig ausbreiten.

☐ Die frisch eingefüllte Erde rieselt dadurch nicht wieder heraus.

6 Schreibe eine eigene Erklärung zu Arbeitsschritt 2 auf.

Starthilfe

Die alte Erde muss man vom Wurzelballen ..., da so ...

Du kannst aus verschiedenen Anredeformen wählen. Du kannst entweder die man-Form verwenden oder die du-Form.

7 Entscheide dich für eine Anredeform. Kreuze sie an.

Ich schreibe meine Vorgangsbeschreibung ...

☐ in der **man**-Form (Man braucht ...).

☐ in der **du**-Form (Du brauchst ...).

Die Überschrift gibt den Leserinnen und Lesern Hinweise zum Thema des Vorgangs.

8 Wähle aus den folgenden Überschriften eine passende aus. Kreuze die Überschrift an.

☐ Einen Baum einpflanzen

☐ Die Aufgaben eines Gärtners

☐ Eine Zimmerpflanze umtopfen

☐ Eine Pflanze mit frischer Erde versorgen

9 Formuliere eine eigene Überschrift.

Die Vorgangsbeschreibung schreiben und überarbeiten

Wie topft man eine Zimmerpflanze um?
Nun kannst du die vollständige Vorgangsbeschreibung in dein Heft schreiben.
Verwende dazu deine Ergebnisse von den Seiten 20 bis 22.

1 Schreibe eine passende Überschrift auf.

2 Wie topft man eine Zimmerpflanze um?
a. Schreibe alle benötigten Materialien und Arbeitsmittel auf.
b. Beschreibe in ganzen Sätzen, was man nacheinander tut.
- Schreibe im Präsens.
- Verwende deine gewählte Anredeform.
- Verwende passende Satzanfänge, um die Reihenfolge der Schritte zu verdeutlichen.

Sprachspeicher

Zuerst ...	Danach ...	Daraufhin ...	Nun ...
Dann ...	Anschließend ...	Jetzt ...	Am Schluss ...

● **3** Füge bei einigen Arbeitsschritten Erklärungen ein.

Anschließend kannst du deine Vorgangsbeschreibung überarbeiten.

4 **a.** Überprüfe deine Beschreibung mit Hilfe der Checkliste.
b. Überarbeite anschließend deine Beschreibung, wenn nötig.

Checkliste: Einen beobachteten Vorgang beschreiben	Ja	Nein
– Habe ich eine passende Überschrift aufgeschrieben?	☐	☐
– Habe ich die Materialien und Arbeitsmittel genannt?	☐	☐
– Habe ich die Schritte in der richtigen Reihenfolge beschrieben?	☐	☐
– Habe ich die Schritte genau beschrieben?	☐	☐
– Habe ich eine einheitliche Anrede verwendet?	☐	☐
– Habe ich im Präsens geschrieben?	☐	☐
– Habe ich die Reihenfolge der Schritte verdeutlicht (Satzanfänge)?	☐	☐
– Habe ich alles richtig geschrieben?	☐	☐

5 Was ist dir gut gelungen? Was möchtest du noch üben?
Schreibe Stichworte auf.

Über ein Ereignis berichten

Einen Bericht verstehen

Arbeitstechnik: Berichten

1. Schritt: Den Bericht planen
- Mach dir Notizen zu den W-Fragen: Wann? Wo? Wer? Was? Warum? Welche Folgen/ Ergebnisse?

2. Schritt: Den Bericht schreiben
- Ordne deine Notizen.
- Schreibe in der richtigen zeitlichen Reihenfolge.
- Verwende das Präteritum (1. Vergangenheit).
- Berichte knapp und genau.

3. Schritt: Den Bericht überarbeiten
- Überprüfe deinen Bericht. Verwende Checklisten.
- Überarbeite deinen Bericht. Achte auf die Rechtschreibung.

Die Umweltschutzorganisation Greenpeace setzt sich weltweit für die Natur und die Tiere ein. Die Klasse 6 b recherchiert zu den Aktionen von Greenpeace.

1 Lies den Bericht über eine Aktion von Greenpeace.

Greenpeace kämpfte um das Überleben der Wale

In der letzten Woche retteten einige Mitarbeiter von Greenpeace im Südpolarmeer viele Wale vor dem Tod. Mit ihren schnellen Schlauchbooten fuhren sie immer wieder vor die Schiffe der Walfänger. Sie wollten verhindern, dass die Wale von den Walfangschiffen aus mit Harpunen* erlegt werden. Die Männer und Frauen von Greenpeace riskierten dabei ihr Leben und machten mit ihrer Aktion darauf aufmerksam, dass die Wale vom Aussterben bedroht sind.

* die Harpune: ein Wurfspieß

2 Beantworte die folgenden W-Fragen.
a. Markiere die Antworten im Text.
b. Schreibe Stichworte in dein Heft.

- **Wann** fand die Aktion von Greenpeace statt?
- **Wo** fand die Aktion statt?
- **Wer** war daran beteiligt?
- **Was** machten die Mitarbeiter von Greenpeace mit ihren Schlauchbooten?
- **Warum** hat Greenpeace diese Aktion durchgeführt?
- **Welche Ergebnisse** hat diese Aktion gebracht?

Sprachspeicher
... verhindern, dass ...
... darauf aufmerksam machen, dass ...

Einen Bericht planen

Die Klasse 6 b gestaltet zu ihren Arbeitsergebnissen ein Plakat. Dort soll ein Bericht über einen Zwischenfall bei der Greenpeace-Aktion informieren. Diesen Bericht kannst du planen.

1 Sieh dir das Bild an und lies die Sprechblasen.

* die Backbordseite: die linke Seite eines Schiffes in Fahrtrichtung

Sammle Informationen mit Hilfe der W-Fragen vom Rand.

Wann?
Wo?
Wer?
Was geschah?
Warum geschah es?
Was sind die Folgen?

2 Auf welche W-Fragen geben die Sprechblasen auf Seite 25 Antworten?
Male die Sprechblasen an. Verwende dabei die Farben der W-Fragen.
Tipp: Manchmal passen mehrere Sprechblasen.

3 **Wann** geschah das Ereignis und **wo** geschah es? **Wer** war beteiligt?
a. Lies die Sprechblasen zu den W-Fragen Wann?, Wo? und Wer?.
b. Schreibe Stichworte auf.

Wann? ____________________

Wo? ____________________

Wer? ____________________

4 **Was** geschah der Reihe nach? Und **warum** geschah es?
Berichte über das Ereignis in der richtigen Reihenfolge.
a. Lies die Sprechblasen zu der W-Frage Was?.
b. Nummeriere die Sprechblasen in der richtigen Reihenfolge.
c. Schreibe Stichworte in der richtigen Reihenfolge auf.
d. Lies die Sprechblase zu der W-Frage Warum? und schreibe Stichworte auf.

Was? ____________________

____

____

Warum? ____________________

____

5 **Welche Folgen** hatte der Zwischenfall?
a. Lies die Sprechblasen zu der W-Frage Was sind die Folgen?.
b. Schreibe Stichworte auf.

____

____

Du kannst in deinen Bericht auch deine persönliche Meinung und Bewertungen einfügen.

6 Welche Meinung hast du zu der Greenpeace-Aktion?
Schreibe sie in vollständigen Sätze auf.

____

____

____

____

Den Bericht schreiben und überarbeiten

In einem zusammenhängenden Text kannst du über das Ereignis berichten. Verwende dafür deine Ergebnisse von Seite 26.

1 Finde eine passende Überschrift.

a. Wähle eine Überschrift aus. Kreuze sie an.

- [ ] Das war knapp!
- [ ] Unfall im Südpolarmeer
- [ ] Greenpeace-Schiff stößt mit Walfängern zusammen
- [ ] Zwischenfall bei Rettungsaktion

b. Schreibe eine eigene Überschrift auf.

2 Schreibe deinen Bericht in dein Heft.
- Beantworte die W-Fragen in ganzen Sätzen.
- Schreibe die Sätze in der richtigen Reihenfolge auf.
- Verwende das Präteritum (1. Vergangenheit).
- Verwende unterschiedliche Satzanfänge.

3 Schreibe zum Schluss deine Meinung zu der Greenpeace-Aktion auf.

Nun kannst du deinen Bericht überarbeiten.

4 **a.** Überprüfe deinen Bericht mit Hilfe der Checkliste.
b. Überarbeite anschließend deinen Bericht.

Checkliste: Berichten	Ja	Nein
– Habe ich die W-Fragen beantwortet?	☐	☐
– Habe ich in der richtigen zeitlichen Reihenfolge berichtet?	☐	☐
– Habe ich das Präteritum verwendet?	☐	☐
– Habe ich eine passende Überschrift gefunden?	☐	☐
– Habe ich unterschiedliche Satzanfänge gewählt?	☐	☐
– Habe ich alles richtig geschrieben?	☐	☐

5 Was ist dir gut gelungen? Was möchtest du noch üben?
Schreibe Stichworte auf.

Sprachspeicher
- es kreuzte
- es nahm Kurs auf ...
- sie fuhren
- sie änderten ihren Kurs nicht
- es ereignete sich
- es rammte
- es wurde beschädigt
- es erreichte
- es gelangte in ...

Anschaulich erzählen

Eine Gruselgeschichte erzählen

Arbeitstechnik: Anschaulich schriftlich erzählen

1. Schritt: Die Geschichte planen
- Plane deine Geschichte: Schreibe Stichworte zu den Handlungsbausteinen auf.
- Überlege dir den Aufbau für deine Geschichte.

2. Schritt: Die Geschichte schreiben
- Beschreibe Personen, Orte und Gefühle mit treffenden Adjektiven.
- Durch Gedanken und wörtliche Rede wird die Geschichte lebendig.
- Verwende treffende Verben und unterschiedliche Satzanfänge.

3. Schritt: Die Geschichte überarbeiten
- Überprüfe deine Geschichte. Verwende Checklisten.
- Überarbeite deine Geschichte. Achte auf die Rechtschreibung.

**Auf einer Klassenfahrt kann man Spannendes erleben.
Du kannst darüber eine Gruselgeschichte erzählen.**

1 Lies den Text in der Sprechblase.

Es passierte auf einer Klassenfahrt im Herbst. Die Klassen 6 a und 6 b wohnten in einer Jugendherberge in einer alten Burg. Sie lag im Wald und die 6 a und die 6 b bewohnten jeweils einen Turm der Burg. Die 6 a machte eine Nachtwanderung. Und die 6 b? Die 6 b wusste davon und wollte die 6 a auf der Nachtwanderung richtig erschrecken. Die Lehrerin der 6 b war informiert darüber und hatte es auch dem Lehrer der 6 a gesagt. Aber die Klasse 6 a ahnte nichts. Rein gar nichts.

2 Was weißt du nun über das Erlebnis? Schreibe Sätze auf.

3 Aus wessen Sicht kannst du über das Erlebnis erzählen, damit es eine gruselige Geschichte wird? Kreuze an.

aus der Sicht

- ☐ eines Schülers der 6 a
- ☐ einer Schülerin der 6 a
- ☐ der ganzen Klasse 6 a
- ☐ der ganzen Klasse 6 b
- ☐ der Lehrerin der 6 b
- ☐ des Lehrers der 6 a

Eine Gruselgeschichte planen

Was passierte im Wald?
Du kannst nun eine Gruselgeschichte zu dem Erlebnis auf Seite 28 schreiben.

Plane deine Gruselgeschichte.

1 Aus wessen Sicht möchtest du die Gruselgeschichte erzählen?
Schreibe es auf.
Tipp: Beachte dein Ergebnis von Aufgabe 3 auf Seite 28.

2 Beantworte die folgenden Fragen. Schreibe Stichworte auf.

Wo spielt die Geschichte?

Wann spielt die Geschichte?

Überlege dir eine spannende Handlung für deine Geschichte.
W **Plane sie mit Hilfe der Handlungsbausteine.**
- **Du kannst die Ideen vom Rand verwenden.**
- **Du kannst auch deine eigenen Ideen verwenden.**

Notiere Ideen für den Handlungsbaustein Hauptfigur in Situation.

3 Gib mindestens drei Hauptfiguren Namen.
Schreibe ihre Eigenschaften in Stichworten auf.

Starthilfe
Tim (6 a): schlau, aber ängstlich, Brillenträger, Freund von Rosi ...

intelligent
leichtsinnig
schreckhaft
mutig
sportlich
klein
kräftig

4 In welcher Situation soll deine Geschichte beginnen?
Beschreibe die Situation in Stichworten.

beim Abendessen
kurz vor Beginn der Nachtwanderung

Notiere nun Ideen für die Handlungsbausteine **Wunsch**, **Hindernis**, **Reaktion** und **Ende**.

5 Welche Wünsche hatten die Hauptfiguren für die Nachtwanderung?
Schreibe für mindestens drei Hauptfiguren Wünsche in Stichworten auf.

- nicht zu dunkel
- keine böse Überraschung
- spannend
- Mut zeigen
- Nachttiere sehen

6 Welche gruselige Überraschung gab es für die Klasse 6 a?
Beschreibe sie.

Starthilfe
Geräusche eines Kampfes, eine dunkle Stimme wiederholte immer ...

- Weg plötzlich zu Ende
- die Tierstimmen
- die Geräusche
- die Schatten
- der Überfall

7 Wie reagierten einzelne Schüler der Klasse 6 a auf die Überraschung?
Beschreibe die Reaktion von mindestens drei Schülerinnen oder Schülern.
Schreibe Stichworte auf.

Starthilfe
Tim schrie, klammerte sich an ...

- schreien
- sich an jemanden klammern
- weglaufen
- erstarren
- sich trauen

8 Wie endet deine Geschichte? Wie löste sich die Spannung auf?
Schreibe Stichworte auf.

- plötzlich lachen müssen
- die Mitschüler erkennen
- erleichtert ins Bett gehen

Die Gruselgeschichte schreiben

Nun kannst du deine Geschichte in dein Heft schreiben.
Verwende dazu deine Ideen von den Seiten 29 und 30.

1 Schreibe eine Einleitung in zwei oder drei Sätzen in dein Heft.
Beantworte dabei die W-Fragen: Wer? Wo? Wann?
Tipp: Lass eine Zeile für die Überschrift frei.

2 Erzähle deine Geschichte spannend, anschaulich und lebendig.

a. Überlege, was nacheinander geschieht und wie es weitergeht.
Baue die Spannung auf: Erzähle ausführlich,
aber verrate noch nicht den Schluss.

b. Du kannst die Reihenfolge der Handlungsbausteine selbst festlegen.
Tipp: Deine Geschichte wird besonders spannend, wenn du
mit den Handlungsbausteinen **Hindernis** oder **Reaktion** beginnst.

3 Beschreibe Personen, Orte und Gefühle mit treffenden Adjektiven.

Sprachspeicher
aufgeregt, dunkel, dicht, blitzschnell, undeutlich, gruselig, erleichtert,
unheimlich, angespannt, panisch, finster

4 Verwende unterschiedliche Satzanfänge.

Sprachspeicher
Zu Beginn ... Zuerst ... Nun ... Auf einmal ... Plötzlich ... Da ...

5 Deine Geschichte wird lebendiger, wenn sie wörtliche Rede enthält.

a. Schreibe einige Sätze in wörtlicher Rede auf.
Verwende in den Begleitsätzen treffende Verben.

b. Prüfe, ob du die Satzzeichen gesetzt hast.

Sprachspeicher
flüsterte, stotterte, rief, kreischte, zischte, kicherte, schrie

Sprachspeicher
Tim flüsterte: „...“
„...“, entgegnete Rosi.

6 Mit Vergleichen kannst du die Situation anschaulich beschreiben.
Verwende passende Vergleiche.
Tipp: Bei einem Vergleich werden zwei Vorstellungen durch **wie** oder
als ob miteinander verknüpft.

Sprachspeicher
kalt wie eine Hundeschnauze, mutig wie ein Löwe, dunkel wie die Nacht,
schnell wie ein Wiesel, sie zitterte wie Espenlaub, es lief wie geschmiert

7 Wie endet deine Geschichte? Erzähle, wie sich die Spannung löst.

8 Überlege dir eine passende Überschrift, die neugierig macht.
Schreibe sie in die leere Zeile über die Einleitung.

Die Gruselgeschichte überarbeiten

Die folgenden Ausschnitte aus Miras Gruselgeschichte sind noch nicht besonders gruselig.
Du kannst sie überarbeiten. So werden sie anschaulicher und lebendiger.

1 Ersetze einige Verben durch treffendere Verben.
  a. Lies die folgenden Sätze.
  b. Markiere die Verbformen, die du ersetzen möchtest.
  c. Schreibe die Sätze ab.
  Verwende treffendere Verbformen aus dem Wortfeld **gehen**.

Die 6 a ging den dunklen Waldweg entlang. Dieser Pfad war so schmal, dass alle hintereinander gehen mussten. An der dunkelsten Stelle gingen die meisten sehr vorsichtig. Nur gut, denn da lag ein sperriger Ast im Weg. Tim aber ging schnell auf das Hindernis zu und fiel auf die Nase.

Sprachspeicher
- laufen
- stolpern
- schleichen
- rasen
- marschieren
- wandern
- rennen

2 Füge einige treffende Adjektive ein.
  a. Lies die folgenden Sätze.
  b. Markiere Stellen, an denen du treffende Adjektive einfügen möchtest.
  c. Schreibe die Sätze ab. Setze treffende Adjektive ein.

Die Jungen der 6 b versteckten sich hinter den Bäumen. Kaum waren die ersten Schüler der 6 a in Sicht, gaben sie sich gegenseitig Zeichen. Der Überfall sollte eine Überraschung sein. Endlich war der Zeitpunkt gekommen, um die Klasse zu erschrecken.

Sprachspeicher
- groß
- unauffällig
- richtig
- ahnungslos
- geheimnisvoll
- aufgeregt
- dunkel
- günstig
- gruselig

Durch Gedanken und wörtliche Rede werden Geschichten lebendig.

3 Was könnte Tim denken oder sagen?
Schreibe Sätze mit wörtlicher Rede auf.

Tim schaute immer noch ganz verdutzt. Alle lachten.

Tim schämte sich ein bisschen und überlegte. Dann lachte er mit.

Sprachspeicher
„…“, rief er.
Er dachte: „…“

4 Schreibe die Sätze aus Aufgabe 3 mit wörtlicher Rede auf.

Nun kannst du deine Geschichte von Seite 31 überarbeiten.

5 **a.** Überprüfe deine Geschichte mit Hilfe der Checkliste.
b. Schreibe anschließend deine überarbeitete Geschichte auf.

Checkliste: Eine Geschichte anschaulich erzählen	Ja	Nein
– Habe ich meine Geschichte verständlich aufgebaut?	☐	☐
– Habe ich Personen, Orte und Gefühle mit treffenden Adjektiven beschrieben?	☐	☐
– Habe ich treffende Verben verwendet?	☐	☐
– Habe ich Gedanken und wörtliche Rede eingefügt?	☐	☐
– Habe ich unterschiedliche Satzanfänge verwendet?	☐	☐
– Habe ich alles richtig geschrieben?	☐	☐

6 Was ist dir gut gelungen? Was möchtest du noch üben?
Schreibe Stichworte auf.

Eine Geschichte aus anderer Sicht erzählen

Die Handlungsbausteine erkennen

Arbeitstechnik: Eine Geschichte mit den Handlungsbausteinen schreiben

1. Schritt: Plane deine Geschichte mit Hilfe einer Mindmap.
Schreibe Stichworte zu den Handlungsbausteinen auf:
- Wer soll meine Hauptfigur sein? In welcher Situation steckt sie?
- Welchen Wunsch hat sie?
- Welches Hindernis ist ihr im Weg?
- Wie reagiert die Hauptfigur auf das Hindernis?
- Wie endet die Geschichte?

2. Schritt: Lege für jeden Handlungsbaustein eine Karte an.
3. Schritt: Notiere deine Ideen in ganzen Sätzen auf deine Karten.
4. Schritt: Überlege dir den Aufbau deiner Geschichte.
5. Schritt: Erzähle die Geschichte mit Hilfe deiner Karten ausführlich.
- Verwende treffende Adjektive, wörtliche Rede und unterschiedliche Satzanfänge.
- Schreibe durchgehend in der gleichen Zeitform.

Die Handlungsbausteine helfen dir, die folgende Geschichte zu verstehen.

1 a. Sieh dir das Bild an und lies die Überschrift.
b. Worum geht es in der Geschichte vermutlich? Schreibe es auf.

Ich vermute, dass ______________________________

2 a. Lies die Geschichte mit dem Textknacker.
b. Markiere Schlüsselwörter.

Textknacker ➤ S. 8

Angsthase Paul Maar

Es ist Sonntagmorgen vorm Frühstück. Hannes, Anne und die Nachbarskinder Ulli und Ulla sind aus Langeweile auf die Baustelle nebenan geschlichen und gucken sich die Baugrube an.
„Zwei Meter fünfzig“, schätzt Ulli. „Da kann man ja runterspringen.“
„Runterspringen?“, ruft Anne entsetzt und schaut Ulli an, um zu sehen, ob er vielleicht nur Spaß gemacht hat.
„Warum denn nicht?“, sagt Ulli großspurig*. „Jetzt pass mal auf!“
Er hält sich an ein paar dicken Grasbüscheln fest, die am Rand der Baugrube wachsen, und rutscht vorsichtig an der Grubenwand hinunter, bis er mit ausgestreckten Armen an den Grasbüscheln hängt. Nun sind seine Füße gar nicht mehr weit vom Boden entfernt. Ulli lässt los und springt.
„Ganz einfach! War ganz leicht, das könnt ihr auch. Los, kommt herunter!“

* großspurig: angeberisch

Ulla macht es genau wie ihr Bruder. Dann ist Hannes an der Reihe. Als die beiden da unten immer wieder rufen: „Los, spring doch! Trau dich doch!“, da springt auch er.

Nun ist Anne ganz allein oben. Die drei in der Grube rufen: „Anne, jetzt bist du dran! Los, spring!“ Aber Anne traut sich nicht.

„Nein, ich mag nicht“, sagt sie.

„Du hast ja nur Angst!“, schreien die drei in der Grube: „Angsthase, Angsthase! Du hast ja Angst!“

„Ja“, sagt Anne, und weil die drei in der Grube immer lauter singen: „Angsthase, Angsthase, Angsthase!“, geht sie schließlich weg.

Die drei wollen ihren Spottvers* hinter Anne hersingen. Deshalb versuchen sie, schnell aus der Grube zu klettern, um hinter ihr herzurennen. Aber es geht nicht. Die Grube hat nur vier steile, glatte Wände. Sie versuchen, an den glatten Wänden hochzuklettern, aber sie rutschen immer wieder ab.

Nun werden die drei da unten ziemlich kleinlaut.

„Wenn nur Anne nicht weggegangen wäre“, meint Hannes.

„Sie könnte unseren Papa holen. Der würde uns raushelfen.“

„Wir müssen rufen. Vielleicht hört uns jemand“, sagt Ulli.

Zu dritt rufen sie: „Hallo, hallo!“ Es klingt recht kläglich. Dann lauschen sie, aber niemand antwortet.

Da taucht plötzlich Anne oben am Rand der Grube auf.

„Anne, du musst Papa Bescheid sagen. Er soll uns hier herausholen“, sagt Hannes aufgeregt. „Wir schaffen das nicht allein!“

Jetzt kriegt Anne einen Lachanfall.

„Ihr kommt nicht mehr raus? So was Komisches!“, ruft sie.

„Sie kommen nicht mehr raus, sie kommen nicht mehr raus!“

„Los, geh und hol Papa“, bittet Hannes. „Sei doch jetzt nicht bockig!“

„Nein, ich hol ihn nicht“, sagt Anne. „Ich weiß etwas viel Besseres. Bei den Brettern hab ich nämlich eine Leiter liegen sehen!“

Anne schleift die Leiter zur Grube und lässt sie hinunter. Die drei da unten rücken die Leiter zurecht und steigen einer nach dem anderen heraus. Hannes legt seiner Schwester den Arm um die Schultern. „Anne, du bist ganz, ganz große Klasse!“, sagt er dabei.

Und Ulli und Ulla nicken anerkennend.

* der Spottvers: ein beleidigendes Gedicht

Untersuche die Handlungsbausteine **Hauptfigur in Situation** und **Wunsch**.

3 Was erfährst du über die Hauptfigur und ihre Situation? Schreibe Stichworte auf.

Wer ist die Hauptfigur?

Wo befindet sie sich?

Mit wem ist sie dort?

Was soll die Hauptfigur tun?

4 Was wünscht sich Anne? Schreibe Stichworte auf.

Wie geht die Geschichte weiter?
Untersuche dazu die Handlungsbausteine **Hindernis** und **Reaktion**.

5 **a.** Lies noch einmal die Zeilen 15–31.
b. Beantworte die folgenden Fragen zum Handlungsbaustein **Hindernis** in Stichworten.

Wie fühlt sich Anne oben an der Baugrube? Was sagt sie?

Wie wird Anne daraufhin von Ulli, Ulla und Hannes behandelt?

Warum kommt Anne zur Baugrube zurück?

6 **a.** Lies noch einmal die Zeilen 32–38.
b. Beantworte die folgende Frage zum Handlungsbaustein **Reaktion** in Stichworten.

Wie reagiert Anne, als sie die anderen Kinder in ihrer schwierigen Lage sieht?

Wie endet die Geschichte? Untersuche den Handlungsbaustein **Ende**.

7 **a.** Lies noch einmal die Zeilen 39–45.
b. Beantworte die folgenden Fragen zum Handlungsbaustein **Ende** in Stichworten.

Was tut Anne am Schluss?

Wie reagieren die anderen Kinder darauf?

Die Sprache untersuchen

Nun kannst du die Sprache der Geschichte untersuchen.

1 Wer erzählt die Geschichte? Kreuze an.

☐ Ich-Erzähler ☐ Er-/Sie-Erzähler

Merkwissen

Der Ich-Erzähler ist am Geschehen beteiligt.
Er oder sie erzählt das Geschehen aus seiner oder ihrer Sicht in der Ich-Form.
Der Er-/Sie-Erzähler ist nicht am Geschehen beteiligt.
Er oder sie erzählt das Geschehen von allen Figuren in der Er- oder Sie-Form.

2 In welcher Zeitform steht die Geschichte?

a. Markiere alle Verbformen in den Zeilen 4 bis 11.
Tipp: Manche Verbformen sind zweiteilig.

b. Kreuze die richtige Zeitform an.

☐ Präsens (Gegenwart) ☐ Präteritum (1. Vergangenheit)

☐ Perfekt (2. Vergangenheit)

c. Welcher Aussage stimmst du zu? Kreuze an.

☐ Das Präsens erzeugt das Gefühl, dass man dem Geschehen von Weitem zuschaut.

☐ Das Präsens erzeugt ein Gefühl der Nähe. Man denkt, direkt bei dem Geschehen dabei zu sein.

3 Lies den folgenden Textauszug.

„Zwei Meter fünfzig", schätzt Ulli. „Da kann man ja runterspringen."
„Runterspringen?", ruft Anne entsetzt und schaut Ulli an, um zu sehen, ob er vielleicht nur Spaß gemacht hat.
„Warum denn nicht?", sagt Ulli großspurig. „Jetzt pass mal auf!"
Er hält sich an ein paar dicken Grasbüscheln fest, die am Rand der Baugrube wachsen, und rutscht vorsichtig an der Grubenwand hinunter, bis er mit ausgestreckten Armen an den Grasbüscheln hängt.

4 Welche Wirkung haben die Adjektive in dem Textauszug?

a. Unterstreiche alle Adjektive.

b. Beschreibe die Wirkung der Adjektive. Schreibe dazu einen Satz auf.

5 Wörtliche Rede macht die Geschichte lebendig.
Annes Gefühle werden auch durch wörtliche Rede deutlich. Was sagt Anne?
Markiere im Text auf den Seiten 34 und 35 die wörtlichen Reden von Anne.
Tipp: Achte auf die Zeichensetzung.

Aus anderer Sicht erzählen

W Du kannst die Geschichte von Seite 34 bis 35 aus der Sicht einer Figur in der Ich-Form erzählen.
- Du kannst aus Annes Sicht erzählen.
  Nutze dafür deine Notizen auf den Seiten 35 und 36.
- Du kannst aus der Sicht einer anderen Figur erzählen.
  Bearbeite dazu Aufgabe 7.

6 Aus der Sicht welcher Figur willst du die Geschichte erzählen? Kreuze an.

☐ Anne ☐ Hannes ☐ Ulli ☐ Ulla

7 Beantworte für deine ausgewählte Figur die folgenden Fragen zu den Handlungsbausteinen in Stichworten.

Wer ist die **Hauptfigur**? In welcher **Situation** befindet sie sich?

Welchen **Wunsch** hat die Hauptfigur?

Welches **Hindernis** stellt sich der Hauptfigur in den Weg?

Wie **reagiert** die Hauptfigur auf das Hindernis?

Wie **endet** die Geschichte?

Nun kannst du deine Geschichte in dein Heft schreiben.

8 Schreibe eine Einleitung.
- Beantworte dabei die W-Fragen: Wer? Wo? Wann?
- Lass eine Zeile für die Überschrift frei.

9 Was könnte deine Hauptfigur denken und sagen?
a. Schreibe einige Sätze mit wörtlicher Rede auf.
b. Prüfe, ob du die Satzzeichen gesetzt hast.

Starthilfe
„…“, schrie sie.
Sie überlegte: „…“

10 Schreibe nun deine Geschichte.
- Verwende deine Notizen zu den Handlungsbausteinen.
- Schreibe im Präsens.
- Verwende abwechslungsreiche Verben, Adjektive und Satzanfänge.
- Füge wörtliche Rede ein.

11 Ergänze zum Schluss eine neue passende Überschrift.

● **12** Was wird in deiner Geschichte anders erzählt als im Text auf Seite 34 bis 35? Wie wirken die beiden Texte? Schreibe in dein Heft.

Starthilfe
Aus der Sicht von … wird … anders erzählt, weil …
So erfährt man … Dadurch versteht man …

Nun kannst du deine Geschichte überarbeiten.

13 **a.** Überprüfe deine Geschichte mit Hilfe der Checkliste.
b. Überarbeite anschließend deine Geschichte.

Checkliste: Aus anderer Sicht erzählen	*Ja*	*Nein*
– Habe ich die Einleitung so ähnlich geschrieben wie im Originaltext?	☐	☐
– Sind alle Handlungsbausteine vorhanden und verständlich?	☐	☐
– Habe ich in der gleichen Zeitform wie im Originaltext erzählt?	☐	☐
– Habe ich passende Verben, Adjektive und Satzanfänge gewählt?	☐	☐
– Habe ich Gedanken und wörtliche Rede eingefügt?	☐	☐
– Habe ich alles richtig geschrieben?	☐	☐

14 Was ist dir gut gelungen? Was möchtest du noch üben?
Schreibe Stichworte auf.

Gedichte verstehen

Gedichtmerkmale bestimmen

Merkwissen

Die Zeilen eines Gedichts heißen Verse.
Eine Strophe ist ein Gedichtabschnitt, der aus mehreren Versen (Zeilen) besteht.
Ein Gedicht besteht häufig aus mehreren Strophen.
Die Verszeilen sind oft durch Reime miteinander verbunden.
Zwei Wörter reimen sich, wenn sie vom letzten betonten Vokal an gleich klingen, z. B.: leer – schwer, Zähne – Mähne.

In dem folgenden Gedicht kannst du die Gedichtmerkmale Vers, Strophe und Reim untersuchen.

1 Lies das Gedicht.

Heidebilder Detlev von Liliencron

[...]

Die Mittagssonne brütet auf der Heide,*
Im Süden droht ein schwarzer Ring.
Verdurstet hängt das magere Getreide,
Behaglich treibt ein Schmetterling.

Ermattet ruhn der Hirt und seine Schafe,
Die Ente träumt im Binsenkraut,
Die Ringelnatter sonnt in trägem Schlafe
Unregbar ihre Tigerhaut.*

Im Zickzack zuckt ein Blitz, und Wasserfluten
Entstürzen gierig dunklem Zelt.
Es jauchzt der Sturm und peitscht mit seinen Ruten
Erlösend meine Heidewelt.

[...]

* die Heide: eine Landschaft mit wenig Bäumen und vielen Gräsern

* die Tigerhaut: die wie ein Tigerfell gemusterte Haut der Ringelnatter

2 Bestimme die Merkmale des Gedichts.
a. Markiere die Reimwörter jeweils in der gleichen Farbe.
b. Beschrifte die Linien mit den Begriffen **Strophe**, **Verse** und **Reim**.

3 Warum handelt es sich bei dem Text „Heidebilder“ um ein Gedicht? Schreibe eine Begründung in dein Heft.

Auch die Merkmale des folgenden Gedichts kannst du untersuchen.

4 Lies das Gedicht.

Wäsche im Wind Gustav Falke

Tollt der Wind über Feld und Wiese;
Hat seinen Spaß er überall;
Aber am liebsten neckt er die Liese
Mit einem tückischen Überfall.

Will sie ihr Zeug auf die Leine bringen;
Zerrt er: Liese, dies Hemd ist mein!
Um jedes Laken muss Liese ringen;
Jedes Stück will erobert sein.

5 Untersuche das Gedicht.

a. Markiere die Reimwörter jeweils in der gleichen Farbe.

b. Wie viele Strophen des Gedichts stehen unter Aufgabe 4?
Wie viele Verse hat jede Strophe? Schreibe Stichworte auf.

6 Lies noch einmal den ersten Vers der zweiten Strophe.
Was ist mit „ihr Zeug" gemeint? Kreuze an.

☐ Fotos und Bilder von Liese ☐ Lieses Wäsche

7 Zeichne in den Rahmen ein Bild zu dem Gedicht.

Das Gedicht „Wäsche im Wind" hat noch eine dritte Strophe.

Gibt es der Sausewind endlich verloren, schlägt er noch im Übermut ihr das nasse Zeug um die Ohren: Da, liebe Liese, häng's auf und sei gut.

8 Stelle die Gedichtform der Strophe wieder her.

a. Lies die Strophe.

b. Finde die Reimwörter und markiere sie jeweils in der gleichen Farbe.

c. Schreibe die Strophe oben auf die Linien.
Die Wörter am Versende sollen sich reimen.
Tipp: Achte auf die Großschreibung am Versanfang.

Reimformen erkennen

Merkwissen

Reimformen:		
Paarreim: aabb	**umarmender Reim: abba**	**Kreuzreim: abab**
Zwei aufeinanderfolgende Verse reimen sich. Sie bilden also ein Paar, z. B.: Berg a Zwerg a leise b Reise b	Ein Paarreim wird umschlossen von zwei Versen, die sich ebenfalls reimen, z. B.: Band a Lüfte b Düfte b Land a	Der 1. und 3. Vers sowie der 2. und 4. Vers reimen sich. Die Reime stehen also „über Kreuz“, z. B.: Zähne a leer b Mähne a schwer b

Bei dem folgenden Gedicht kannst du die Reimformen genauer untersuchen.

1 **a.** Lies das Gedicht.
b. Ergänze in den beiden letzten Strophen die Reimwörter.

Luftikus Sieglinde Jug

1 Ich schaukle und gaukle im Wind,
betrachte von oben die Welt.
Das Kind, das mich in Händen hält,
läuft über die Felder geschwind.

2 Ich drehe mich und taumle,
verlier an Höhe und baumle
zwischen zwei hohen Bäumen,
die vom Reißausnehmen träumen.

3 Das Kind, es jauchzt und hält mich fest,
zieht an der Schnur im Fallen.
Schau eben noch ins ______,
schon glaub ich ______.

4 Da kommt der Wind und hebt mich an.
Das Kind ist aufgesprungen.
Wie schnell es wieder laufen ______!
Der Start ist doch ______!

aufzuprallen
Vogelnest
gelungen
kann

2 **a.** Sieh dir das Bild an und lies das Gedicht noch einmal.
b. Wovon handelt das Gedicht?
Schreibe dazu einen Satz auf.

______

______

3 Bestimme die Reimformen im Gedicht.
a. Markiere die Reimwörter jeweils in der gleichen Farbe.
b. Um welche Reimform handelt es sich in den Strophen?
Schreibe es auf.

Die Reimform der 1. Strophe ist der umarmende Reim.

Die Reimform der 2. Strophe ist der ______.

Die Reimform der 3. Strophe ist der ______.

Die Reimform der 4. Strophe ist der ______.

Sprachliche Bilder untersuchen

Merkwissen

Sprachliche Bilder machen ein Gedicht besonders anschaulich.
Ein sprachliches Bild ist der Vergleich. Bei einem Vergleich werden zwei Vorstellungen durch **wie** oder **als** miteinander verknüpft:
Das Sonnenlicht schien **wie** Gold ins Zimmer.

In dem folgenden Gedicht kannst du einen Vergleich als sprachliches Bild genauer untersuchen.

1 Lies das Gedicht.

Am offenen Fenster bei Hagelwetter Georg Britting

Himmlisches Eis*
Sprang mir auf den Tisch,
Rund, silberweiß,
Schoss wie ein Fisch

Weg von der Hand,
Die's greifen wollt,
Schmolz und verschwand.
Blitzend wie Gold

Blieb auf dem Holz
Nur ein Tropfen dem Blick.
Mächtig die Sonne
Sog ihn zurück.

* das himmlische Eis: hier: ein Hagelkorn

2 Worum geht es in dem Gedicht? Ordne den Sätzen die Strophen zu.

Ein dickes Hagelkorn kommt durchs Fenster auf den Tisch geflogen. *1. Strophe*

Die Sonne trocknet das Wasser des geschmolzenen Hagelkorns. ______

Das Hagelkorn schmilzt auf dem Tisch schnell. ______

3 In dem hervorgehobenen Vers steht ein Vergleich mit **wie**.
Womit vergleicht der Dichter das Hagelkorn?
Warum wählte der Dichter wohl diesen Vergleich? Schreibe es auf.

______

______

4 In dem Gedicht steht ein weiterer Vergleich mit **wie**.
Was vergleicht der Dichter? Kreuze an.

☐ Der Dichter vergleicht einen Sonnenstrahl mit Gold.

☐ Der Dichter vergleicht das Wasser des geschmolzenen Hagelkorns auf dem Holztisch mit blitzendem Gold.

Rechtschreibstrategien und Regeln

Sprechen – hören – schreiben

Nach einem kurzen Vokal schreibst du oft zwei gleiche Konsonanten. Diese Doppelkonsonanten kannst du hörbar machen, wenn du die Wörter Silbe für Silbe sprichst. Es sind dann Mitsprechwörter. Besondere Fälle: statt kk schreibst du ck, statt zz schreibst du tz.

1 **a.** Sprich die hervorgehobenen Wörter langsam und höre genau hin.
b. Zeichne Silbenbögen unter die hervorgehobenen Wörter.

Nach einigen heißen Tagen im Sommer sammeln sich Wolken am Horizont.

Der Himmel verdunkelt sich. Die Vögel verstummen.

Helle Blitze zucken zwischen den dicken Wolken.

Einige Augenblicke später folgt das Grollen des Donners.

Du kannst einsilbige Wörter mit Doppelkonsonant verlängern. Bilde zu einsilbigen Nomen den Plural (die Mehrzahl), zu Verbformen den Infinitiv (die Grundform) und steigere Adjektive. Gliedere dann.

weitere Übungen zu einsilbigen Wörtern mit Doppelkonsonant ➤ S. 58

2 **a.** Verlängere die hervorgehobenen Wörter.
b. Schreibe jeweils die verlängerte Form in Silben gegliedert auf.

Es soll bald regnen. → sollen

Die Straße ist nass. → ______

Der Fluss tritt über die Ufer. → ______

Auch bei einsilbigen Verbformen mit langem Vokal und h kannst du die Schreibweise erschließen. Wenn du die verlängerte Form deutlich aussprichst, kannst du das h hören.

3 **a.** Schreibe zu jeder Verbform den Infinitiv (die Grundform) in Silben gegliedert auf und markiere das **h**.
b. Trage das **h** in die Lücke ein.

Der Bauer mä_h_t die Bergwiese. → mähen

Ein Unwetter zie___t auf. → ______

Schnell ge___t er zur Schutzhütte. → ______

Wörter verlängern

Wörter mit **b**, **d**, **g** am Ende sind Nachdenkwörter. Du kannst nicht hören, mit welchem Buchstaben das Wort oder die Silbe endet.
Dann hilft dir das Verlängern.

Merkwissen

Oft spricht man am Ende eines Wortes **p**, **t**, **k** und schreibt doch **b**, **d**, **g**.
Durch Verlängern kannst du den Endbuchstaben hörbar machen.
Suche eine längere Form des Wortes. Dann hörst du, welchen Buchstaben du schreiben musst.

- Nomen: der Die ? → die Die**b**e (Plural) – daher: der Die**b**
- Verben: sie gi ? t → ge**b**en (Infinitiv) – daher: sie gi**b**t
- Adjektive: lusti ? → lusti**g**er (Steigerungsform) – daher: lusti**g**

Mit den folgenden Aufgaben kannst du das Verlängern üben.

1 Verlängere die Nomen: Schreibe sie erst im Plural (in der Mehrzahl) auf, dann im Singular (in der Einzahl).

der Samsta___ - die Samstage ___ - der ___
der Win___ - ___ - ___
das Fel___ - ___ - ___
den Kor___ - ___ - ___

2 Leite die richtige Schreibweise der Verbformen her.
a. Schreibe den Infinitiv (die Grundform) auf.
b. Ergänze den richtigen Buchstaben in der Lücke.
c. Schreibe die Verbform noch einmal vollständig auf.

Das Gewitter fan___ am Freitag statt. stattfinden ___ es fand statt ___
Beim Donner be___t die Erde. ___ sie ___
Der Sturm verbie___t den Ast. ___ er ___
Der Nebel stei___t aus der Wiese. ___ er ___

3 Leite die richtige Schreibweise der Adjektive her.
a. Verlängere das Adjektiv. Schreibe die Wortgruppe auf.
b. Ergänze den richtigen Buchstaben in der Lücke.

gel___ - das gelbe Blatt ___
run___ - der ___ Mond ___
klu___ - der ___ Junge ___
gesun___ - das ___ Obst ___

Wörter ableiten ↯

Wenn du unsicher bist, ob ein Wort mit **ä** oder **e**, mit **äu** oder **eu** geschrieben wird, dann hilft dir die Ableitungsprobe.
Diese Wörter mit **ä** oder **äu** sind Nachdenkwörter.

Merkwissen

ä und **e** klingen in vielen Wörtern ähnlich; **äu** und **eu** klingen gleich.
Du kannst Wörter mit **ä** oder **äu** von verwandten Wörtern mit **a** oder **au** ableiten.

mächtig – die Macht	die Häuser – das Haus	sie läuft – laufen
? a ↯ ä	? au ↯ äu	? au ↯ äu

1 Lies den folgenden Text.

Seit Tagen regnet es in Strömen. Nico sitzt am Fenster und schaut hinaus.
In allen Gärten steht das Wasser. Die Erde kann es kaum noch aufsaugen.
Nico wartet täglich darauf, dass es aufhört zu regnen.
Er fährt doch so gern mit seinen Freunden Fahrrad!
Auch das Fußballtraining fällt bei diesem Wetter aus.
Dabei ist doch das Päckchen mit den neuen Knieschonern
am Morgen angekommen. Der kräftige Regen soll endlich aufhören!

2 Leite die Wörter mit **ä** und **äu** aus dem Text von verwandten Wörtern ab.
a. Unterstreiche die Wörter mit **ä** und **äu**. Schreibe sie in die Tabelle.
b. Ergänze verwandte Wörter mit **a** und **au**.
Denke bei Nomen an den Artikel (der, das, die, die).

Wort mit ä/äu	verwandtes Wort mit a/au
die Gärten	*der Garten*

3 Finde zu den folgenden Wörtern verwandte Wörter mit **ä** und **äu** und schreibe sie auf.

bauen – *das Gebäude* ______ tragen – ______

das Haus – ______ die Angst – ______

Mit Wortbausteinen üben

Viele Wörter sind aus mehreren Teilen zusammengesetzt:
aus dem Wort**stamm** und anderen Wort**bausteinen**.
Wortbausteine helfen dir, Nachdenkwörter richtig zu schreiben.

Vorsilben üben

Vorsilben sind Wortbausteine.
Die am häufigsten verwendeten Vorsilben in Verben und Nomen sind **ver-**, **ent-** und **er-**. Die Vorsilben werden immer gleich geschrieben.

1 Aus Verben werden mit den Vorsilben **ver-** , **ent-** und **er-** neue Verben.
a. Bilde mit den Vorsilben neue Verben und schreibe sie auf.
b. Markiere jeweils die Vorsilben.

ver-	ent-	er-
suchen, sprechen, drehen, laufen	laufen, nehmen, kommen, wickeln	tasten, fahren, leben, zählen

versuchen, ______

______

______

2 Wähle mindestens vier neue Verben aus Aufgabe 1 aus.
Schreibe mit den ausgewählten Verben Sätze in dein Heft.

3 **a.** **ver-** , **ent-** oder **er-**? Lies den Text.
b. Setze die passenden Vorsilben ein.
Tipp: Nomen schreibst du groß.

Heute ist eine spannende ___anstaltung geplant. Die Klassen 6a, 6b und 6c spielen gegeneinander Fußball. Gerade ___sammeln sich alle. Bis gestern ___warteten wir, dass die Klasse 6a gewinnt. Doch nun ist ihr bester Spieler Paulo ___letzt und hat keine ___laubnis zum Spielen ___halten. Die ___täuschung ist groß.

Manche Verben mit Vorsilben haben schwierige Stellen.

4 **a.** Unterstreiche in den Sätzen die Verben mit Vorsilben.
b. Schreibe die Verben neben die Sätze.
c. Markiere die schwierigen Stellen.

Der Name des neuen Spielers wird noch nicht verraten. verraten

Ich will meinen Trainer beim Fußballspiel nicht enttäuschen. ______

Die Salbe lässt sich gut auf der verletzten Haut verreiben. ______

Nachsilben üben

Viele Nomen und Adjektive kannst du an ihren Nachsilben erkennen.
Die Nachsilben werden immer gleich geschrieben.

Adjektive kannst du an den Nachsilben **-ig**, **-lich**, **-bar**, **-haft** und **-sam** erkennen.

1 Bilde Adjektive mit **-ig**, **-lich** oder **-bar**.

ess(en) – essbar ______
der Friede – ______
ruh(en) – ______
das Herz – ______
bezahl(en) – ______
das Glück – ______
geduld(en) – ______
das Kind – ______

2 Bilde Adjektive mit **-haft** oder **-sam**.

leb(en) – ______
die Gewalt – ______
bieg(en) – ______
bedeut(en) – ______
das Beispiel – ______
der Ekel – ______

3 **a.** Finde je ein weiteres Adjektiv mit **-ig**, **-lich**, **-bar**, **-haft** und **-sam**.
Schreibe die Adjektive in dein Heft.
b. Schreibe mit jedem Adjektiv einen Satz auf.

Nomen kannst du an den Nachsilben **-ung**, **-heit**, **-keit**, **-schaft**, **-nis** und **-tum** erkennen.

4 Bilde Nomen mit **-ung**, **-heit**, **-keit**, **-schaft**, **-nis** und **-tum**.
a. Schreibe die Nomen mit dem bestimmten Artikel (der, das, die) auf.
Tipp: Nomen schreibst du groß.
b. Markiere in den Nomen jeweils die Nachsilbe.

reich – der Reichtum ______
tapfer – ______
erleben – ______
krank – ______
schön – ______
wissen – ______
vorbereiten – ______
ergeben – ______

5 **a.** Setze passende Wörter aus Aufgabe 4 in den Lückentext ein.
b. Markiere jeweils die Nachsilben.

Die ______ des Fußballturniers übernehmen die Sportlehrer.
Die ganze Schule freut sich schon auf dieses ______.
Leider können einige Schüler wegen ______ nicht mitmachen.
Am Schluss lautet das ______ 1 : 2 für die Klasse 6 b.

Regelwissen anwenden: Nomen großschreiben (R)

Merkwissen

Nomen werden großgeschrieben.
- **Tipp 1:** Prüfe, ob mit dem Wort Lebewesen, Gegenstände oder Dinge bezeichnet werden.
- **Tipp 2:** Prüfe, ob das Wort einen bestimmten oder unbestimmten Artikel (Begleiter) bei sich hat.
- **Tipp 3:** Prüfe, ob vor dem Wort ein Adjektiv steht (z. B. der rote Hut).
- **Tipp 4:** Prüfe, ob vor dem Wort ein Pronomen steht (z. B. sein Zelt).
- **Tipp 5:** Prüfe, ob das Wort die Nachsilbe **-ung**, **-heit**, **-keit**, **-schaft**, **-nis** oder **-tum** hat.
- **Tipp 6:** Prüfe, ob vor dem Wort eine Präposition steht (z. B. im Nest).
- **Tipp 7:** Prüfe, ob vor dem Wort ein Zahlwort steht (z. B. etwas Altes, viele Igel).

1 Lies den folgenden Text.

Ein sonniger Ausflug

Marie freute sich sehr. Ihre Klasse 6 b hatte einen Ausflug mit Übernachtung geplant. Heute war es endlich so weit und die Wanderung konnte starten. Nachmittags erreichten sie die Lagerstelle. Einige suchten ringsum trockenes Feuerholz. Andere kümmerten sich darum, das große Zelt aufzubauen.

Der Text enthält viele Nomen. Finde sie mit Hilfe der Tipps 1 bis 5.

2 **a.** Unterstreiche die Nomen.
b. Schreibe die Nomen mit dem bestimmten Artikel in die Tabelle.
c. Notiere dazu den Tipp oder die Tipps, die du beachtet hast.

Nomen mit Artikel	Tipps

In dem folgenden Text stehen Nomen mit Präpositionen als Begleiter.
Finde sie mit Hilfe des Tipps 6.

3 Lies den Text.

Die Klasse machte am Spätnachmittag noch einen Spaziergang durch den Wald. Am Wegrand entdeckte Marie zahlreiche Pflanzen, die sie aus dem Biologieunterricht kannte, zum Beispiel Steinpilze. Ein rotbraunes Eichhörnchen kletterte am Baumstamm einer alten Eiche hinauf und verschwand schnell zwischen den Blättern. Zum Schluss entdeckte Helene sogar noch zwei Rehe am Waldrand. Erst drei Stunden später waren sie wieder beim Lagerplatz.

4 Vor welchen Nomen steht eine Präposition?
a. Unterstreiche die Nomen.
b. Schreibe die Nomen mit den Präpositionen auf.

In dem folgenden Text stehen Nomen mit Zahlwörtern als Begleiter.
Finde sie mit Hilfe des Tipps 7.

5 Lies den Text.

Endlich konnten sie sich hinsetzen und ausruhen. Alle Schüler waren sehr erschöpft. Einige Mädchen wollten sich sogar ins Zelt legen. Marie zog ihre Wanderschuhe aus und rief: „Wollt ihr mal meine Füße sehen?" Sie hatte zahlreiche Blasen an den Fersen. „Kein Problem", tröstete Leo sie. Er hatte zum Glück ein paar Pflaster dabei. Dann sammelten alle gemeinsam viele Stöcke. Am Abend wollten sie nämlich Stockbrot über dem Feuer backen.

6 Vor welchen Nomen steht ein Zahlwort?
a. Unterstreiche die Nomen.
b. Schreibe die Nomen mit den Zahlwörtern auf.

Aus Verben können durch die Wörter das, beim und zum Nomen werden.
Verben, die zu Nomen werden, schreibst du groß.
Du kann sie am Artikel erkennen, den du ergänzen kannst (Artikelprobe).

weitere Übungen zu Nominalisierungen ➤ S. 60–61

7 Lies den folgenden Text.

Beim Wandern wurde es nie langweilig. Das Spazierengehen machte den meisten Kindern sogar richtig Spaß. Nur das Tragen ihres schweren Rucksacks ging einigen Schülern auf die Nerven. Doch sie waren selbst schuld. Sie hatten viel zu viel zum Wandern mitgenommen.

8 Im Text werden Verben zu Nomen.
a. Finde diese Nomen und unterstreiche sie.
b. Schreibe die unterstrichenen Nomen mit Begleiter auf.

Aus Adjektiven können durch die Wörter etwas, nichts, alles Nomen werden.
Adjektive, die zu Nomen werden, schreibst du groß.
Du kannst sie am Artikel erkennen, den du ergänzen kannst (Artikelprobe).

9 Bilde mit den Wörtern **etwas, nichts, alles** und den Adjektiven Wortgruppen.
a. Schreibe die Wortgruppen auf.
b. Schreibe zu jeder Wortgruppe einen Satz in dein Heft.

etwas nichts alles	+	gut spannend wichtig

etwas Gutes,

In dem folgenden Text sind alle Nomen kleingeschrieben.
Du kannst sie mit Hilfe der Tipps 1 bis 7 und der Artikelprobe erkennen.

10 **a.** Finde die Nomen und unterstreiche sie.
b. Schreibe den Text in der richtigen Groß- und Kleinschreibung in dein Heft.

Achtung: Fehler!

Nachts kamen ein heftiger sturm und starker regen auf. Rasch krochen die begleiter aus ihren schlafsäcken. Sie wollten prüfen, ob die zeltpfosten hielten. Zum glück konnten sie nichts gefährliches entdecken. Die zeltpfosten steckten tief im erdboden. Beim aufwachen am morgen schien die strahlende sonne wieder vom himmel. Bald sammelten marie und ihre klassenkameraden ihre sachen ein. Nun konnte die wanderung ohne ein hindernis weitergehen.

Regelwissen anwenden: Wortgruppen getrennt schreiben Ⓡ

Wortgruppen mit **sein** werden getrennt geschrieben:
z. B. **fertig sein**, **sicher sein**.

1 Lies den folgenden Text.

Allein sein? Nein, dabei sein!

Dass es mit dem Fußball für lange Zeit vorbei sein würde, hatten die Ärzte Burak gleich nach dem Unfall gesagt. Er sollte zufrieden sein, wenn er wieder einigermaßen laufen konnte. Buraks Freunde vom Bolzplatz waren anderer Meinung. Er sollte wieder richtig gesund werden und mit ihnen Fußball spielen! Sie wollten mit ihm zusammen sein, weil er ihr Freund war. Zudem machte er die besten Sprüche. Er konnte richtig lustig sein. Später wunderten sich die Gegner auf dem Spielfeld oft, wie Burak trotz seiner überstandenen Verletzung auf dem Platz so gut sein konnte.

2 Was wollten Buraks Freunde? Schreibe den Satz aus dem Text auf.

3 Finde im Text sieben Wortgruppen mit **sein.**
a. Unterstreiche die Wortgruppen.
b. Schreibe die Wortgruppen auf.

4 Schreibe die folgenden Sätze auf.
Ergänze dabei jeweils die Wortgruppe mit **sein.**

Burak möchte nachmittags nicht gern ? . (allein sein)

Burak sagt: „Ich werde um 15 Uhr ? .“ (da sein)

Burak möchte mit seinen Freunden ? . (zusammen sein)

Wortgruppen mit **sein** stehen nicht immer im Infinitiv.
Du benötigst dann die Personalformen von **sein**.

5 Ergänze die folgenden Sätze.
Setze die richtigen Personalformen von **sein** ein.

vorbei sein: Wie schade,
dass dein Training schon ______!

traurig sein: Ich möchte nicht,
dass du deswegen ______.

da sein: Beim nächsten Mal passe ich auf,
dass ich pünktlich ______.

zusammen sein: Es ist am schönsten,
wenn alle Freunde ______.

Sprachspeicher
sein:
ich bin
du bist
er/sie/es ist
wir sind
ihr seid
sie sind

6 Die folgenden Sätze enthalten Wortgruppen mit **sein**.
Schreibe die Sätze in wörtliche Rede um.

David ist in fünfzig Minuten mit den Hausaufgaben fertig.

David sagt: „Ich bin in ______

Burak und Leo sind dann leider schon weg.

______

David ist später beim Fußballtraining dabei.

______

Burak und Leo sind ab 16:00 Uhr dort.

______

7 **a.** Stelle die folgenden Sätze um und schreibe sie auf.
b. Markiere in deinen Sätzen jeweils beide Teile der Wortgruppe mit **sein**.

Der Trainer kann mit dem Spielstand nicht zufrieden sein.

Zufrieden kann ______

Trotz seiner Verletzung möchte Burak heute gut sein.

Gut möchte ______

Das Spiel wird noch vor dem Unwetter vorbei sein.

Vorbei wird ______

Regelwissen anwenden: Wörter mit s-Laut schreiben Ⓡ

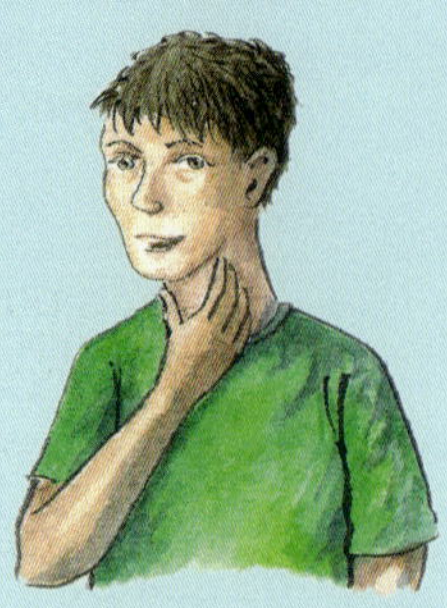

Merkwissen

Den s-Laut nach einem langen Vokal oder Umlaut schreibst du meistens **s**.
Bei manchen Wörtern schreibst du den s-Laut nach einem langen Vokal, Umlaut oder Zwielaut (ei, au, eu) **ß**. Wörter mit **ß** sprichst du stimmlos.
Die Finger an deinem Hals bewegen sich beim Sprechen des s-Lauts nicht.

Auf Wörter mit ß musst du beim Schreiben besonders achten.

1 **a.** Schreibe die folgenden Nomen im Singular und im Plural auf.
b. Markiere **ß**.

die Straße, der Spaß, das Gefäß, das Floß, der Stoß

die Straße – die Straßen,

2 Schreibe mindestens sieben Wörter der Wortfamilie **Fuß** auf.
Ergänze bei Nomen den bestimmten Artikel. Das Wörterbuch hilft dir.

Nachschlagen ➤ S. 6–7

barfuß,

3 Schreibe mit den folgenden Verben Sätze.
Du kannst auch eine andere Verbform verwenden.

fließen, stoßen, grüßen, versüßen, schließen, zerreißen, sprießen

Die Donau fließt ins Schwarze Meer.

Merkwörter mit h üben

Merkwörter sind Wörter, deren Schreibweise du nicht durch Strategien oder Regeln herleiten kannst. Übe sie immer wieder.

In manchen Wörtern steht nach langem Vokal oder Umlaut (ä, ö, ü) ein h. Diese Wörter sind Merkwörter.

1 Im Text sind Merkwörter mit **h** hervorgehoben.

a. Schreibe die Merkwörter auf. Ergänze bei Nomen den bestimmten Artikel.

b. Lies die Wörter laut. Achte auf den langen Vokal und markiere das **h**.

c. Schreibe mit jedem Merkwort einen Satz in dein Heft.

Melinda saß mit Bruno und Lena beim Picknick im grünen Gras.
Sie hatten schwere Beine vom Wandern. Da fragte Lena plötzlich:
„Könnt ihr das hören?“ Melinda spitzte die Ohren. Sie fragte: „Was denn?“
Lena flüsterte: „Ich kann ein Beben spüren. Und die Vögel singen nicht mehr!“
Wenig später begann es laut zu poltern. Dann entlud sich ein Blitz.
„Ist es nicht ein Fehler, bei einem Gewitter unter einem Baum zu sitzen?“,
fragte Lena. „Stimmt, das ist sehr gefährlich!“, erwiderte Bruno.
Sie packten schnell alles zusammen und liefen zu den Fahrrädern.
Zum Glück dauerte die Fahrt bis nach Hause nur zehn Minuten.

2 Die folgenden Wörter gehören zu Wortfamilien mit **h** nach langem Vokal.

a. Ordne die Wörter nach Wortfamilien.

b. Markiere den langen Vokal oder Umlaut und das **h**.

nehmen, die Festnahme, der Lohn, der Fehlgriff, belohnen, fehlen, benehmen, die Lohnsteuer, verfehlen, der Abnehmer, der Befehl, gelohnt

-nehm-: *nehmen,*

-lohn-:

-fehl-:

3 Schreibe mit den folgenden Wörtern Sätze in dein Heft.

die Bahn, ehrlich, der Lehrer, bestehlen, sehr, berühmt, ohne, anführen, die Uhr, auswählen, fühlen, die Wohnung, kühl, das Jahr, der Stuhl

Texte lesen – üben – richtig schreiben

1. Trainingseinheit: Nomen mit b, d, g, wörtliche Rede

1 Lies den Text.

Am Flughafen |

Heute fährt Tina | mit der Mutter ihrer Freundin | und deren Hund | zum Flughafen. |
Dort will sie | ihre Freundin Franzi | abholen, | die im Strandurlaub war. |
Auf der Besucherterrasse | warten sie ungeduldig | auf Franzis Ankunft. |
Hier herrscht | eine tolle Abendstimmung. | Tina träumt vor sich hin. |
Der Hund | bellt laut | und Tina wird unsanft | aus ihren Gedanken gerissen. |
„Lilo, | du musst dich | hier benehmen!“, | schimpft Tina. | Dann ist Franzi da. |
Fröhlich begrüßen | sich die beiden. | „Schön, | dass du mitgefahren bist“, |
sagt Franzi. | „Wenn du | mir helfen willst, | kannst du mir |
ein Gepäckstück abnehmen“, | fügt sie noch hinzu. |

2 Wie heißt der Hund von Franzis Mutter?
Schreibe den Namen des Hundes auf.

Das Verlängern hilft dir, zusammengesetzte Nomen mit **b**, **d**, **g** richtig zu schreiben. Dazu musst du die Wörter zuerst zerlegen.

Wörter verlängern
➤ S. 45

3 Im Text sind drei zusammengesetzte Nomen hervorgehoben.
a. Schreibe die Nomen mit Artikel in die erste Spalte der Tabelle.
b. Zerlege die zusammengesetzten Nomen.
c. Verlängere das Nomen mit **b**, **d** oder **g** am Ende.

zusammengesetztes Nomen	erstes Nomen (Bestimmungswort)	zweites Nomen (Grundwort)
der Flughafen	der Flug → die Flüge	der Hafen

Die Schreibweise der folgenden zusammengesetzten Nomen kannst du durch Verlängern herausfinden.

4 **a.** Trenne die zusammengesetzten Nomen.
b. Verlängere das erste Nomen: Schreibe den Plural auf.
c. Ergänze bei den zusammengesetzten Nomen den fehlenden Buchstaben.
d. Schreibe das zusammengesetzte Nomen noch einmal vollständig auf.

zusammengesetztes Nomen	Plural	richtige Schreibweise
der Ber*g*gipfel	*die Berge*	*der Berggipfel*
der Fel__hase		
das Zwer__kaninchen		
der Gra__stein		

Der Text auf Seite 56 enthält drei wörtliche Reden.

Merkwissen

Wörtliche Rede wird in Anführungszeichen gesetzt. Steht der Begleitsatz vor der wörtlichen Rede, wird er mit einem Doppelpunkt abgeschlossen:
Aufgeregt fragt Amina: „Lukas, hast du das in der Zeitung gelesen?"
Steht die wörtliche Rede vor dem Begleitsatz, dann musst du zwischen der wörtlichen Rede und dem Begleitsatz ein Komma setzen.
„Was steht in der Zeitung?", fragte Lukas.

5 **a.** Unterstreiche im Text die wörtlichen Reden mit den Begleitsätzen.
b. Kreise die Anführungszeichen ein.
c. Unterstreiche die Begleitsätze doppelt.

6 **a.** Unterstreiche in den folgenden Sätzen die Begleitsätze.
b. Kreise das Komma und den Doppelpunkt ein.

„Bei meiner Arbeit lerne ich jeden Tag nette Menschen aus vielen Ländern kennen",

sagt ein Mitarbeiter des Flughafens.

Ein Fluggast fragt: „Bekommen wir während des Fluges etwas zu essen?"

7 Die folgenden Sätze enthalten wörtliche Reden.
Schreibe die Sätze in deinem Heft auf.
Ergänze dabei die richtige Zeichensetzung.

Achtung: Fehler!

Als Pilot muss ich immer konzentriert sein erklärt der Flugzeugpilot.
Ich versorge die Fluggäste mit Essen und Getränken sagt die Flugbegleiterin.
Tina fragt Franzi Hattest du keine Angst, allein zu fliegen?

8 Schreibe den Text „Am Flughafen" ab.
Beachte die sieben Schritte der Arbeitstechnik „Abschreiben".

Abschreiben
➤ **Umschlaginnenseite hinten**

2. Trainingseinheit: Wörter mit Doppelkonsonant, Worttrennung, Komma bei Nebensätzen

1 Lies den Text.

Das Sternentor |

Wir hatten | in unserer Schule | wie immer dienstags | einen Teamtag. |
Jede Klasse | löste im Team | verschiedene Aufgaben. | Mittags | wurde es ernst. |
Die erste Aufgabe war, | durch ein Sternentor zu reisen. |
Das komplette Team | wurde aufgefordert, | sich an den Händen zu fassen, |
eine Kette zu bilden | und nacheinander | durch einen Reifen zu klettern. |
Niemand durfte loslassen. | Zum Schluss | bekam die Kette | leider doch | einen Riss. |
Pia rutschte | auf dem glatten Boden aus | und fiel auf die Matte. |
Aber nachmittags | bei der zweiten Aufgabe | waren wir viel besser. |
Wir bekamen abends | sogar eine Urkunde, | weil wir ein gutes Team waren. |

2 Was passierte am Ende der ersten Aufgabe?
Schreibe es in einem Satz auf.

Doppelkonsonanten kannst du hörbar machen, wenn du die Wörter Silbe für Silbe sprichst. Einsilbige Wörter mit Doppelkonsonant kannst du verlängern und dann in Sprechsilben gliedern.

Sprechen - hören - schreiben
➤ S. 44

3 a. Unterstreiche im Text alle Wörter mit Doppelkonsonant.
b. Schreibe die unterstrichenen Wörter auf.
Schreibe bei einsilbigen Wörtern die verlängerte Form dazu.
c. Lies die Wörter langsam und höre genau hin.
d. Setze jeweils unter den kurzen Vokal einen Punkt.
e. Gliedere dann jedes Wort in Silben. Zeichne Silbenbögen.

hatten,

Sprechsilben helfen dir auch, wenn du am Zeilenende ein Wort trennen musst. Achtung: Ein einzelner Vokal am Wortanfang wird nicht getrennt.

Sprechen – hören – schreiben
➤ S. 44

4 Pia berichtet über das Ereignis. Einige Wörter sind falsch getrennt.
a. Unterstreiche falsch getrennte Wörter.
b. Sprich die unterstrichenen Wörter langsam und deutlich.
c. Schreibe die Wörter Silbe für Silbe mit Trennstrichen auf.

Heute sollten wir eine Aufg-
abe im Team lösen. Wir sollten
uns alle an den Händen
fassen und durch einen Reif-
en klettern. Leni hinter mir a-
ber drängelte. Bei dieser He-
tze rutschte ich aus und
unsere Kette riss. Das ä-
rgerte mich.

Ein Nebensatz wird durch eine Konjunktion (Bindewort) wie zum Beispiel **als**, **dass**, **weil**, **während** oder **obwohl** mit dem Hauptsatz verbunden.

Merkwissen

Der Hauptsatz und der Nebensatz werden durch ein Komma voneinander abgetrennt.
Im Nebensatz steht die gebeugte Verbform an letzter Stelle.
Meine Eltern standen an meinem Bett**,** als ich **aufwachte**.

5 Der Text „Das Sternentor" enthält einen Satz mit der Konjunktion **weil**.
a. Schreibe den Satz auf.
b. Unterstreiche den Hauptsatz und den Nebensatz in verschiedenen Farben.
c. Kreise die Konjunktion ein.

6 **a.** Schreibe die folgenden Sätze in dein Heft.
b. Kreise jeweils die Konjunktion ein.
c. Setze jeweils das fehlende Komma und unterstreiche im Nebensatz die gebeugte Verbform.

Der Teamtag hat gezeigt dass wir eine starke Mannschaft sind.
Obwohl die Kette bei der ersten Aufgabe riss bekamen wir eine Urkunde.
Während Pia eine Pause machen durfte gingen wir anderen zur nächsten Aufgabe.

Achtung: Fehler!

7 Schreibe den Text „Das Sternentor" ab.
Beachte die sieben Schritte der Arbeitstechnik „Abschreiben".

Abschreiben
➤ **Umschlaginnenseite hinten**

3. Trainingseinheit: Nominalisierungen, Komma bei Aufzählungen

1 Lies den Text.

Aus einem Krimi

Leise klang | das Keuchen | des Einbrechers | durch die stille Nacht. |
Er stolperte | beim Laufen | im Treppenhaus. | Er rüttelte | an einer Tür. |
Es war nichts Verdächtiges | zu hören. | Eine Kirchturmuhr | schlug Mitternacht. |
Irgendwo im Haus | öffnete jemand | eine Tür. | Der Einbrecher | griff in seine Tasche |
und zog | etwas Metallisches heraus. |
Im nächsten Moment | schrie jemand: | „Hände hoch!“ | Die Polizisten benutzten |
zum Festnehmen | Handschellen. | Der überführte Verbrecher, |
die atemlosen Polizisten | und die geschickten Spürhunde | verließen das Haus. |
Doch der Einbrecher hatte | nichts Auffälliges | bei sich. |

2 Wann findet der Einbruch statt? Kreuze an.

☐ nach dem Frühstück ☐ um Mitternacht

Verben können durch die Wörter **das**, **beim** und **zum** zu Nomen werden.

Verben werden zu Nomen
➤ S. 51

3 Im Text ist ein Verb hervorgehoben, das zum Nomen wurde.
- **a.** Schreibe die Wortgruppe auf.
- **b.** Finde im Text zwei weitere Wortgruppen, in denen ein Verb zum Nomen wurde. Schreibe sie auf.
- **c.** Markiere bei den Nomen den Großbuchstaben.

____

____

4 **a.** Bilde aus den folgenden Verben Nomen.
b. Schreibe die Wortgruppen auf.

das	+	lesen	stricken
beim		spielen	trinken
zum		schlafen	essen

beim Lesen, ______________________________

____

5 Schreibe mit den Wortgruppen aus Aufgabe 4 Sätze in dein Heft.

Adjektive können durch die Wörter **etwas**, **nichts** und **alles** zu Nomen werden.

6 Im Text ist ein Adjektiv unterstrichen, das zum Nomen wurde.
a. Schreibe die Wortgruppe auf.
b. Finde im Text zwei weitere Wortgruppen, in denen ein Adjektiv zum Nomen wurde. Schreibe sie auf.
c. Markiere bei den Nomen den Großbuchstaben.

Adjektive werden zu Nomen
➤ S. 51

7 **a.** Bilde aus den folgenden Adjektiven Nomen.
b. Schreibe die Wortgruppen auf.

etwas nichts alles	+	neu interessant alt	wichtig spannend gut

nichts Neues,

8 Schreibe mit den Wortgruppen aus Aufgabe 7 Sätze in dein Heft.

Der Text auf Seite 60 enthält einen Satz mit Aufzählungen.

Merkwissen

Die Teile einer Aufzählung, die nicht durch **und** verbunden sind, werden durch ein Komma voneinander getrennt.
Jan ist ein höflicher, ehrlicher, intelligenter und fantasievoller Junge.
Er zeichnet gut mächtige Burgen, lustige Gesichter und vor allem Tiere.

9 **a.** Unterstreiche die Aufzählungen im Text.
b. Markiere das Komma und kreise **und** ein.

10 **a.** Bilde aus den folgenden Wörtern und Wortgruppen Sätze mit Aufzählungen. Schreibe sie in deinem Heft auf.
b. Kreise jeweils **und** ein und markiere das Komma.

Mein Hund   spielt mit   bunten Bällen   großen Stöcken   meinen alten Schuhen.

In meiner Schultasche   sind   linierte Hefte   schwere Bücher   viele Stifte   meine blaue Brotdose.

11 Schreibe den Text „Aus einem Krimi" ab.
Beachte die sieben Schritte der Arbeitstechnik „Abschreiben".

Abschreiben
➤ **Umschlaginnenseite hinten**

4. Trainingseinheit: Verbformen mit ss oder ß, Anredepronomen, Komma bei Satzreihen

1 Lies den Text.

Auf dem Reiterhof |

In den Ferien | war Anna | eine Woche auf einem Reiterhof. | Sie genoss | ihren Urlaub, | denn sie war jeden Tag | bei den Pferden. | Eines Tages traf Anna | den Besitzer des Reiterhofes. | „Herr Lehner, | warum reiten Sie nie aus?“, | fragte sie ihn. | „Das ist | eine lange Geschichte“, | antwortete Herr Lehner. | „Erzählen Sie mir Ihre Geschichte“, | bettelte Anna. | „Vor einigen Jahren | ritt ich aus. | Wir machten | gerade eine Pause | und mein Pferd | fraß frisches Gras. | Plötzlich zog | ein Platzregen auf. | Mein Pferd erschrak, | und schmiss mich ab. | Ich hatte | schwere Verletzungen. | Ich liebe Pferde immer noch, | aber ich reite nicht mehr aus.“ |

2 Wer ist Herr Lehner? Schreibe es in einem Satz auf.

____

Im Text sind Verbformen mit ss und mit ß hervorgehoben.
Nach einem kurzen Vokal schreibst du ss, nach einem langen Vokal ß.

3 **a.** Schreibe die Verbformen auf und ergänze jeweils den Infinitiv.
b. Sprich alle Verbformen deutlich.
Setze jeweils unter den kurzen Vokal einen Punkt und unterstreiche den langen Vokal.

sie genoss → genießen
____________ → ____________
____________ → ____________

4 **a.** Ergänze die folgenden Verbformen.
b. Setze jeweils unter den kurzen Vokal einen Punkt und unterstreiche den langen Vokal.

Infinitiv (Grundform)	Präsens (Gegenwart)	Präteritum (1. Vergangenheit)	Perfekt (2. Vergangenheit)
beißen	er beißt	er biss	
fließen	es		
vergessen	sie		

Die Anredepronomen Sie, Ihr, Ihre und Ihnen werden immer großgeschrieben.

5 **a.** Im Text „Auf dem Reiterhof" findest du zwei Sätze mit den Anredepronomen **Sie** und **Ihre**.
Schreibe die Sätze ab.
b. Unterstreiche **Sie** und **Ihre** und markiere die Großschreibung.

____

____

____

____

6 Ergänze den folgenden Lückentext.
Setze die Anredepronomen ein.

Ihr
Ihren
Sie
Sie

„Haben ________ sich von ________ Verletzungen erholt?", fragte Anna.

„Leider nicht vollständig", antwortete Herr Lehner.

„Haben ________ darüber nachgedacht, ________ Pferd zu verkaufen?", wollte Anna wissen.

„Niemals", meinte Herr Lehner, „schließlich konnte mein Pferd nichts dafür."

Der Text auf Seite 62 enthält zwei Satzreihen mit Konjunktionen.

Merkwissen

Eine Satzreihe besteht aus Hauptsätzen. Zwei Hauptsätze können mit einer Konjunktion (Bindewort) wie **denn** oder **aber** verbunden werden.
Die Hauptsätze werden durch ein Komma voneinander abgetrennt.
Herr Lehner hatte einen Reiterhof**,** aber er selbst ritt nicht aus.

7 **a.** Schreibe die beiden Satzreihen aus dem Text in deinem Heft auf.
b. Umkreise die Konjunktionen.
c. Unterstreiche jeweils die gebeugten Verbformen.

8 **a.** Schreibe den folgenden Text in dein Heft.
Ergänze jeweils das fehlende Komma.
b. Umkreise jeweils die Konjunktion.

Achtung: Fehler!

Anna war schon eine Woche auf dem Reiterhof aber sie wollte noch nicht nach Hause zurück.
Ihre Gastfamilie war sehr nett aber am liebsten war Anna bei den Pferden.
Sie verbrachte fast den ganzen Tag bei Lilo denn Lilo war ihr Lieblingspferd.

9 Schreibe den Text „Auf dem Reiterhof" ab.
Beachte die sieben Schritte der Arbeitstechnik „Abschreiben".

Abschreiben
➤ **Umschlaginnenseite hinten**

Richtig schreiben

Überprüfe, wie gut du Rechtschreibstrategien und Regeln anwenden kannst.

1 Ergänze die folgenden Sätze. ___ /3 Punkte

Viele Wörter schreiben wir so, wie wir sie sprechen und hören.

Diese Wörter sind ______________________.

Bei manchen Wörtern hörst du nicht, wie du sie schreiben musst.

Rechtschreibhilfen helfen dir, diese ______________________

richtig zu schreiben.

______________________ sind Wörter, deren Schreibweise du

nicht durch Strategien oder Regeln herleiten kannst.

2 Wie gut beherrscht du die Rechtschreibstrategien?
Schreibe zu jeder Strategie zwei passende Beispiele auf. ___ /8 Punkte

Gliedern in Sprechsilben ______________________

Wörter verlängern ______________________

Wörter ableiten ______________________

Wortbausteine ______________________

Welche Strategie hilft dir bei der Schreibung der markierten Wörter?

3 Ergänze jeweils die passende Strategie. ___ /12 Punkte

Der kleine Igel

Als ich Anfang März in unseren Garten schaute, sah (______________________)

ich mitten (______________________) auf dem Rasen einen kleinen Igel.

Weil ich das aufregend (______________________) fand, lief ich hinaus.

Als ich näher (______________________) kam, rollte er sich

schnell (______________________) ein.

So ein ängstliches (______________________) Tier!

Ich blieb stehen (______________________) und wartete (______________________).

Dann lief ich ins Haus zurück und holte zwei Äpfel (______________________).

Als ich wieder in den Garten kam, entwischte (______________________) der Igel

gerade durch eine Öffnung (______________________) im Zaun in Richtung

Nachbargarten. Wo der Igel wohl sein Versteck (______________________) hatte?

Nomen werden großgeschrieben.

4 In dem folgenden Text sind alle Nomen kleingeschrieben.
Unterstreiche die Nomen.

/11 Punkte

Der igel kam immer wieder und wir schlossen freundschaft. Oft liefen meine schwester und ich voller erwartung zu seinem versteck beim gartenhaus. Er blieb einige monate bei uns. Doch dann war er plötzlich verschwunden. Wir machten uns viele gedanken. Das warten war schrecklich. War ihm etwas schlimmes zugestoßen? Aber wir hofften, ihn im frühjahr wiederzusehen.

5 Woran hast du die Nomen erkannt?
Schreibe die Nomen auf die passenden Linien.

/11 Punkte

Nomen mit Artikel: ______

Nomen mit Präposition: ______

Nomen mit Pronomen: ______

Nomen mit **-schaft** oder **-ung:** ______

Nomen mit Zahlwort: ______

Verb, das zu einem Nomen geworden ist: ______

Adjektiv, das zu einem Nomen geworden ist: ______

Wie gut kennst du die Satzzeichen bei wörtlicher Rede?

6 **a.** Unterstreiche im folgenden Text die wörtlichen Reden mit den Begleitsätzen.
b. Unterstreiche die Begleitsätze doppelt.

/6 Punkte

Achtung: Fehler!

Im nächsten Frühjahr fragte ich meine Schwester Ob der Igel wohl wiederkommt? Weil wir sehr gespannt waren, schlichen wir in den Garten. Wir suchten lange. Vielleicht hat er ein schöneres Zuhause gefunden? sagte ich. Meine Schwester überlegte Wenn der Igel wieder hier wohnt, versteckt er sich wirklich gut.

7 Setze jeweils die Anführungszeichen, das Komma vor dem Begleitsatz und den Doppelpunkt nach dem Begleitsatz.

/3 Punkte

Hauptsätze und Nebensätze werden durch Kommas voneinander getrennt.

8 In den folgenden Satzgefügen fehlen die Kommas.
a. Schreibe die Sätze in dein Heft.
b. Kreise jeweils die Konjunktion ein.
c. Setze das Komma.

/6 Punkte

Wenn es für den Igel gefährlich wird rollt er sich zu einer Kugel zusammen.
Im Winter sind Igel nicht zu sehen weil sie einen Winterschlaf machen.
Man sollte sich merken dass man Igeln keine Milch geben darf.

Gesamt: /60 Punkte

Auswertung ➤ **Lösungsheft**

Wortarten verwenden

Die Wortarten wiederholen

Die folgenden Wortarten kennst du schon.

Nomen: (der) Hut, (das) Kleid, (die) Mütze ...

Artikel: der, das, die, ein ...

Pronomen: ich, du, er, sie, es, wir, ihr, mein, meine, dein, deine, sein, seine ...

Verben: singen, lachen, malen, rechnen ...

Adjektive: freundlich, traurig, lieb, groß ...

Präpositionen: an, auf, unter, neben, in, hinter, vor, über, zwischen ...

1 **a.** Lies den folgenden Text.
b. Markiere Wortarten, die du erkennst. Wähle für jede Wortart eine Farbe.
c. Schreibe für jede Wortart mindestens zwei Beispiele auf die Linien oben.

Wir machen gern Sport

Kiras liebste Sportart ist das Turnen und Nick nutzt täglich sein neues Handbike. Luisa ist glücklich, weil sie oft schwimmen kann. Toni spielt mit seinem großen Bruder immer Fußball auf einer Wiese. Im Winter fahren sie Ski oder Snowboard. Elif geht mit ihrer Freundin zum Schlittschuhlaufen in die alte Eishalle. Damit sie nicht frieren, ziehen sie warme Kleidung an.

2 Kennst du noch eine weitere Wortart?
Schreibe sie auf und ergänze Beispiele.

Wortart: Nomen

Nomen und ihre Artikel

Merkwissen

Nomen bezeichnen Lebewesen und Gegenstände sowie gedachte oder vorgestellte Dinge. Im Deutschen schreibt man Nomen immer groß.
Vor einem Nomen steht oft ein bestimmter Artikel (der, das, die) oder ein unbestimmter Artikel (ein, ein, eine).
Fast alle Nomen können im Singular (Einzahl) und im Plural (Mehrzahl) stehen.
Zwei Nomen können ein zusammengesetztes Nomen bilden:

das Gift	+	die Schlange	=	die Giftschlange
Bestimmungswort		Grundwort		zusammengesetztes Nomen

1 Lies den Text.

Das Kung-Fu

Kung-Fu ist eine asiatische Sportart. Sie wurde vor etwa 1 500 Jahren in einem Kloster entwickelt. Ein Mönch hatte die Idee, mit Gymnastik und einer bestimmten Atemtechnik die Konzentration zu verbessern und die Gesundheit zu erhalten.
Die Verbindung aus Sport und Kampf bildet die Grundlage des Kung-Fu. Fünf Elemente spielen dabei eine Rolle: Die Faust symbolisiert die Erde, ein Säbel das Metall, ein Schwert das Wasser, ein Speer das Feuer und ein Stock das Holz.

2 **a.** Schreibe die hervorgehobenen Nomen mit ihren passenden bestimmten und unbestimmten Artikeln (Begleitern) in die Tabelle.
b. Ergänze die Pluralformen.

bestimmter Artikel **der, das, die + Nomen**	**unbestimmter Artikel** **ein, ein, eine + Nomen**	**Plural** die
die Sportart	*eine Sportart*	*die Sportarten*

3 Finde im Text zehn weitere Nomen.
a. Markiere die Nomen mit den passenden Artikelfarben.
b. Schreibe die Nomen mit ihrem bestimmten Artikel in dein Heft.

Nomen in vier Fällen

Merkwissen

In Sätzen erscheinen Nomen immer in einem bestimmten Fall (Kasus). Im Deutschen gibt es vier Fälle. Der Artikel und die Endung des Nomens richten sich nach dem Fall. Man kann nach dem Fall, in dem ein Nomen steht, fragen.
Nominativ (1. Fall): Wer oder was?
Genitiv (2. Fall): Wessen?
Dativ (3. Fall): Wem?
Akkusativ (4. Fall): Wen oder was?

1 Lies den Text.

Lias Lieblingssportart

Lias Lieblingssportgerät ist das Snowboard. Sie hat dem Snowboard sogar einen Namen gegeben. Es heißt Flitzi. Lia ist ganz aufgeregt, wenn im Winter auf dem Berg der erste Schnee liegt. Dann geht sie am Wochenende mit ihren Freunden auf die Piste. Die Pflege des Snowboards ist Lia sehr wichtig. Wenn sie vom Fahren zurückkommt, trägt sie das Snowboard in den Keller. Dort reibt sie es gründlich trocken. Ihrem Hobby widmet Lia viel Zeit.

Im Text steht das Nomen **Snowboard** in den vier Fällen.

2 Frage jeweils nach dem Nomen **Snowboard.**
a. Unterstreiche im Text jeweils das Nomen **Snowboard** mit seinem Artikel.
b. Beantworte die folgenden Fragen schriftlich in ganzen Sätzen.
c. Unterstreiche in deinen Antwortsätzen das Nomen **Snowboard.**

Wer oder was ist Lias Lieblingssportgerät?

Wessen Pflege ist Lia sehr wichtig?

Wem hat Lia einen Namen gegeben?

Wen oder was trägt Lia in den Keller?

3 Im Text „Lias Lieblingssportart" sind vier Nomen markiert.
Schreibe die Fragen nach ihnen auf und bestimme ihren Fall.

Der Artikel und die Endung des Nomens richten sich nach dem Fall, in dem das Nomen steht.

4 **a.** Schreibe die Nomen im richtigen Fall in die Lücken.
b. Bestimme den Fall.

Paul bewundert (der Fußball) *den Fußball* von Max.

Fall: *Akkusativ*

Die Farbe (das Trikot) ______ ist türkis.

Fall: ______

Der Schiedsrichter zeigt (der Stürmer) ______ die rote Karte.

Fall: ______

Darüber ist (das Publikum) ______ wütend.

Fall: ______

Der Elfmeter (die Spielerin) ______ wird gehalten.

Fall: ______

Die gefährliche Situation erkennt (der Torwart) ______ nicht.

Fall: ______

5 **a.** Bilde mit den Wörtern und Wortgruppen jeweils einen Satz.
b. Markiere in deinen Sätzen die Nomen in den passenden Farben.
c. Bestimme den Fall jedes Nomens.
Schreibe die Fälle über die Nomen.

folgen Gabriel der Trainer die Anweisung

______

______

ihr Bruder Theresa winken

______

klatschen der Torschütze das Publikum der Beifall

______

______

Nomen im Plural

Merkwissen

Fast alle Nomen können im Singular (Einzahl) und im Plural (Mehrzahl) stehen.
Es gibt Nomen, die im Singular und im Plural gleich bleiben: der Rücken – die Rücken
Die meisten Nomen verändern sich im Plural:

das Ohr – die Ohren	der Berg – die Berge	die Erbse – die Erbsen
die Wand – die Wände	der Vater – die Väter	der Fuß – die Füße

1 **a.** Ordne die Nomen im Plural zu.
b. Markiere im Plural die Endungen.

die Daumen
die Schmerzen
die Tanten
die Arme

der Schmerz – *die Schmerzen* die Tante – ______
der Arm – ______ der Daumen – ______

2 **a.** Ergänze in den Sätzen die passenden Nomen im Plural.
b. Markiere die Endungen.

die Beine
die Jungen
die Schwestern
die Finger

Auf dem Schulhof toben ______. Sandro und Erdal fallen hin.
Sandro sagt: „Aua, mir tun ______ weh!"
Erdal ruft: „Und mir tut die linke Hand weh!
Hoffentlich sind ______ nicht gebrochen."
Schnell ruft die Lehrerin ______ von Sandro und Erdal.

3 Schreibe Nomen im Plural aus den Aufgaben 1 und 2 auf.

Plural mit -e:
das Bein – *die* ______ der Arm – ______

Plural mit -en:
der Schmerz – ______ das Ohr – ______

Plural mit -n:
die Schwester – ______ der Junge – ______

Plural bleibt gleich:
der Daumen – ______ der Finger – ______

Bei manchen Nomen ändert sich im Plural auch der Vokal:
a wird zu ä, o wird zu ö, u wird zu ü.

4 **ä**, **ö** oder **ü** im Plural?
Schreibe die Sätze mit den Nomen im Plural in dein Heft.

(die) Mutter
(der) Arzt
(der) Kopf
(die) Hand

Die ? von Sandro und Erdal kommen in die Schule.
Sie wollen die Kinder zu ihren ? bringen.
Die Jungen lassen die ? hängen.
Zum Abschied reichen sich die beiden die ?.

Wortart: Adjektive

Mit Adjektiven genau beschreiben

Merkwissen

Mit Adjektiven (Eigenschaftswörtern) kann man Personen, Tiere oder Gegenstände genauer beschreiben.
Adjektive werden im Satz kleingeschrieben.
Steht das Adjektiv vor einem Nomen, verändert sich die Endung:
Die Jacke ist blau. Aber: die blaue Jacke (Singular), die blauen Jacken (Plural)

**Jule und Janne sind Zwillinge. Sie haben vieles gemeinsam.
Aber es gibt auch viele Unterschiede.**

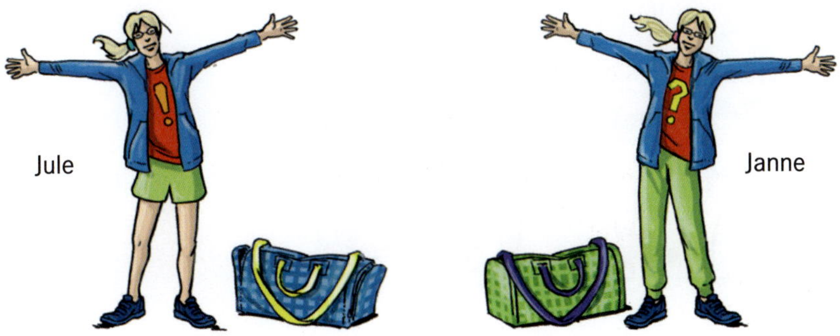

1 a. Sieh dir Jule und Janne genau an.
b. Kreise die Unterschiede bei Janne ein.

2 Lies den folgenden Text.

Die Person hat ein schmales Gesicht. Auf der Nase hat sie eine schwarze Brille. Sie trägt eine kurze Sporthose. Auf ihrem roten T-Shirt ist ein orangefarbenes Ausrufezeichen. Neben ihr steht eine blaue Sporttasche.

3 a. Was hat die Person? Was trägt die Person?
Markiere im Text die Wortgruppen.
b. Wer wird beschrieben? Jule oder Janne? Schreibe es auf. ______________

4 Beschreibe die andere Person. Was hat sie? Was trägt sie?
Schreibe Sätze in dein Heft.

5 Was ist bei Jule und Janne gleich? Setze passende Adjektive ein.

Jule und Janne haben ______________ Haar.

Sie tragen ______________ Schuhe.

Auf der Nase haben beide eine ______________ Brille.

Ihre Sporttaschen sind ______________.

dunkelblaue
länglich
ovale
blondes

Adjektive steigern

Merkwissen

Will man beschreiben, wie sich Personen, Tiere, Sachen ... unterscheiden, kann man gesteigerte Adjektive mit den Verbindungswörtern **wie** oder **als** verwenden:

Grundform	**Komparativ** (1. Vergleichsstufe)	**Superlativ** (2. Vergleichsstufe)
(so) **groß** (wie)	**größer** (als)	am **größten**

Mit gesteigerten Adjektiven kannst du Personen miteinander vergleichen.

1 Vergleiche die Größen.
Verwende gesteigerte Adjektive mit **als** oder **am**.

Jule und Janne sind *größer als* Anne.

Der Trainer ist ______________________ .

Anne ist ______________________ Jule, Janne und der Trainer.

Anne ist ______________________ .

2 Ergänze in der Tabelle die fehlenden Steigerungsformen.

Grundform	**Komparativ**	**Superlativ**
lang		
klug		
kurz		

Manche Adjektive haben besondere Steigerungsformen.

3 Der Trainer macht sich Notizen zu seinen Spielerinnen.
Schreibe mit den folgenden Adjektiven Sätze mit Vergleichen in dein Heft.

hoch – höher – am höchsten
weit – weiter – am weitesten
schnell – schneller – am schnellsten
gut – besser – am besten

Starthilfe
Janne springt hoch.
Jule springt höher.
Anne springt am höchsten. ...

● **4** Schreibe mit den Adjektiven aus Aufgabe 3 Sätze in dein Heft, in denen der Komparativ und der Superlativ vorkommen.

Starthilfe
Jule springt höher als Janne, aber Anne springt am höchsten. ...

Die Endungen von Adjektiven

Merkwissen

Mit Adjektiven (Eigenschaftswörtern) kann man Personen, Tiere oder Gegenstände genauer beschreiben.
Steht das Adjektiv vor einem Nomen, verändert sich die Endung:

	der	das	die
Nominativ (Wer oder was?)	der kleine Ball	das schöne Spiel	die lange Pause
Genitiv (Wessen?)	des kleinen Balls	des schönen Spiels	der langen Pause
Dativ (Wem?)	dem kleinen Ball	dem schönen Spiel	der langen Pause
Akkusativ (Wen oder was?)	den kleinen Ball	das schöne Spiel	die lange Pause

1 Lies den Text.

Der perfekte Tag

Orhan hat lange mit seiner Mannschaft Fußball gespielt.
Sie haben den roten Ball von Orhan ausprobiert und dem neuen Mitglied die Regeln erklärt.
Am Abend zieht Orhan gleich die nasse Jacke aus. Nach dem Duschen genießt er das leckere Essen, das seine Mutter zubereitet hat.
Besonders die gefüllte Paprika und das warme Brot schmecken Orhan gut.
Er isst alles auf und erzählt der kleinen Schwester von dem perfekten Tag.

2 Im Text sind Wortgruppen aus Artikel, Adjektiv und Nomen hervorgehoben.
a. Schreibe die Wortgruppen in die richtigen Spalten der Tabelle.
b. Markiere jeweils die Endungen der Adjektive.

	der	das	die
Nominativ	der perfekte Tag	das	die
Genitiv	des	des	der
Dativ	dem	dem	der
Akkusativ	den	das	die

3 **a.** Schreibe die Genitivformen der folgenden Wortgruppen in die Tabelle.
b. Markiere die Endungen der Adjektive.

der gute Spieler, das schnelle Spiel, die nette Torfrau

Nomen und Adjektive verwenden

1 Lies den folgenden Text.

Die Spielmacherin hat den Handball und läuft schnell auf das Tor zu. Plötzlich kreuzt eine Gegenspielerin ihren Weg. Sie fällt und verzieht das Gesicht. Das Bein der Spielmacherin schmerzt. Die Schiedsrichterpfeife ertönt und der Trainer möchte die Spielmacherin auswechseln. Auf der Bank geht es der Spielmacherin nach ein paar Minuten wieder besser.

2 **a.** Frage nach den hervorgehobenen Nomen.
b. Ordne die Nomen den Fällen zu und schreibe sie auf.

/4 Punkte

Nominativ: ______

Genitiv: ______

Dativ: ______

Akkusativ: ______

3 Was weißt du über Nomen und ihre Fälle? Ergänze die folgenden Sätze.

/7 Punkte

In Sätzen erscheinen Nomen immer in einem bestimmten Fall. Im Deutschen gibt es ______ Fälle. Sie heißen ______, ______, ______ und ______. Der ______ und die Endung des Nomens richten sich nach dem ______.

4 Mit Adjektiven kann man Nomen genauer beschreiben.
a. Sieh dir die Bilder an.
b. Beschrifte die Bilder:
- Wähle vom Rand passende Adjektive aus.
- Schreibe Wortgruppen aus Adjektiv und Nomen auf die Linien. Denke an den bestimmten Artikel.

c. Schreibe zwei Wortgruppen aus Aufgabe 4 b in den vier Fällen in deinem Heft auf.

/4 Punkte

/8 Punkte

______

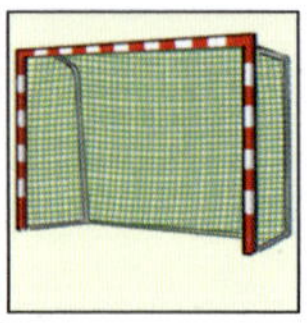

______

______

______

groß
braun
grün
silbern

Gesamt: /23 Punkte

Auswertung ➤ Lösungsheft

Wortart: Verben

Perfekt: Mündlich erzählen

Merkwissen

Wenn man etwas mündlich erzählt, was schon vergangen ist, verwendet man meist das Perfekt (2. Vergangenheit).
Viele Verben bilden das Perfekt mit dem Hilfsverb **haben:**
Wir haben gelacht.
Einige Verben bilden das Perfekt mit dem Hilfsverb **sein:**
Die Kinder sind gelaufen.
Oft sind dies Verben der Bewegung: kommen, gehen, rennen, fallen, fahren.

Die Klasse 6 a hat eine Klassenfahrt nach Lindau am Bodensee gemacht. Til erzählt davon.

1 Lies den folgenden Text.

„Das Zimmer habe ich mir mit Leon und Jasper geteilt.
Von dort aus haben wir den Leuchtturm im Hafen gesehen.
Nachmittags sind wir immer schnell zum See gerannt.
Abends ist es oft kühl geworden. Mit den Mädchen haben wir uns eine lustige Wasserschlacht geliefert."

2 Die Verben im Text stehen im Perfekt.
a. Unterstreiche die Formen von **haben** und **sein** und die Personalpronomen dazu.
b. Unterstreiche jeweils den zweiten Teil der Perfektform.
c. Schreibe alle Perfektformen in deinem Heft auf.

3 Bei einigen Verben in Aufgabe 2 ändert sich im Perfekt der Verbstamm.
a. Schreibe zu den Perfektformen die Infinitive in deinem Heft auf.
b. Markiere die Vokale, die in der Perfektform anders sind als im Infinitiv.

Meike erzählt vom Besuch in einer Fischaufzucht.

4 **a.** Lies den folgenden Text.
b. Setze die passenden Verbformen im Perfekt ein.

„Wir ______ eine Fischaufzucht in Hagnau ______.
Ein Mitarbeiter ______ uns in die Fischbruthalle ______.
Dort ______ es riesige Rundbecken ______.
Darin ______ frisch geschlüpfte Felchen* ______."

besuchen
führen
geben
schwimmen

* der Felchen: Süßwasserfisch, der am Bodensee vorkommt

5 Schreibe mit den Wortgruppen Sätze im Perfekt in deinem Heft auf.

Am nächsten Tag	wir	Boot fahren
Am Abend	ich	Museum besuchen
Am Freitag	sie	Hafen besichtigen

Präteritum: Schriftlich berichten oder erzählen

Merkwissen

Wenn man schriftlich über etwas berichtet oder erzählt, was schon vergangen ist, verwendet man das Präteritum (1. Vergangenheit).
Viele Verben bilden das Präteritum mit den folgenden Endungen:
ich lern**te**, du lern**test**, er/sie/es lern**te**,
wir lern**ten**, ihr lern**tet**, sie lern**ten**

Bei einigen Verben ändert sich im Präteritum der Verbstamm.
finden: Sie fanden die Knollen in der Erde.
Manche Verben haben in der 1. und 3. Person Singular keine Endung:
ich fand, er/sie/es fand,
aber: du fand**est**, wir fand**en**, ihr fand**et**, sie fand**en**

Aishe und Otto schreiben einen Bericht über ihre Klassenfahrt.

1 Lies den folgenden Text.

Die Klassenfahrt an den Bodensee

Vom 7. bis zum 10. Juni unternahmen wir, die Klasse 6b, eine Klassenfahrt nach Lindau am Bodensee. Wir starteten am 7. Juni frühmorgens mit dem Reisebus. In Lindau rannten wir sofort zum See. Wir konnten vor dem Abendessen aber nicht lange dort bleiben. Es wartete um 18 Uhr auf uns. Danach trafen wir uns mit unseren Lehrern. Sie besprachen mit uns den Ablauf der Woche. Auf die vielen Ausflüge freuten wir uns.

2 Der Bericht steht im Präteritum.
a. Unterstreiche alle Präteritumformen und die Personalpronomen dazu.
b. Schreibe die Präteritumformen in deinem Heft auf und ergänze die Infinitive.
c. Markiere die Vokale, die in der Präteritumform anders sind als im Infinitiv.

Starthilfe
wir unternahmen,
unternehmen ...

3 **a.** Lies die Fortsetzung des Berichts.
b. Setze die passenden Verbformen im Präteritum ein.
Tipp: Unregelmäßige Verben kannst du im Wörterbuch nachschlagen.

Am nächsten Tag ____________ wir zu der Burg.

Am dritten Tag ____________ wir mit dem Schiff über den Bodensee.

Auch das Pfahlbautenmuseum ____________ wir.

Dort ____________ wir viel über die Steinzeit.

wandern
fahren
besuchen
erfahren

4 Berichte von deiner Klassenfahrt.
a. Schreibe mit den Verben am Rand fünf Sätze im Präteritum auf.
b. Unterstreiche in deinen Sätzen die Präteritumformen.

kommen, schlafen, sein, essen, finden

Verben im Plusquamperfekt

Merkwissen

Das Plusquamperfekt (3. Vergangenheit) verwendet man, wenn man ausdrücken will, dass etwas vor einem schon zurückliegenden Ereignis geschah (Bedeutung: noch davor).
Viele Verben bilden das Plusquamperfekt mit den Vergangenheitsformen der Hilfsverben **haben** oder **sein** und dem Partizip Perfekt.
Er hatte geplant. Sie war gefahren.

Die Klasse 6 a war eine Woche lang am Bodensee.
Vor der Abfahrt passierte etwas Aufregendes.
Aishe und Otto schreiben darüber in ihrem Bericht.

1 Lies den folgenden Text.

Unsere Klassenfahrt ging zu Ende. Nach dem Frühstück wollten wir nach Hause fahren.
Der Reisebus stand schon abfahrbereit vor der Jugendherberge.
Zuvor hatte der Busfahrer alle Gepäckstücke eingeladen.
Dabei war ihm aufgefallen, dass Tims Rucksack fehlte.

2 Im Text kommen zwei Verbformen im Plusquamperfekt vor.
- **a.** Unterstreiche die Formen von **haben** und **sein**.
- **b.** Unterstreiche jeweils den zweiten Teil der Plusquamperfektformen.
- **c.** Schreibe die Verbformen im Plusquamperfekt in deinem Heft auf.

3 **a.** Lies die Fortsetzung des Textes.
b. Setze die passenden Verbformen im Plusquamperfekt ein.
Tipp: Unregelmäßige Verben kannst du im Wörterbuch nachschlagen.

Tim ____________ ____________________, seinen Rucksack zu packen.

Jonas ____________ ihn darauf ____________________.

Daraufhin ____________ Tim schnell in sein Zimmer ____________________.

Aber jemand ____________ den Rucksack ____________________.

Tims Freunde ____________ ihn hektisch ____________________.

Herr Müller ____________ ihnen beim Suchen ____________________.

Endlich ____________ der Rucksack ____________________.

Nachdem der Busfahrer auch Tims Gepäck ____________ ____________,

konnten wir endlich losfahren.

vergessen
hinweisen
laufen
verstecken
suchen
helfen
auftauchen
einladen

4 Was hatte Tims Familie gemacht, bevor sie Tim am Reisebus abholte?
Schreibe Sätze im Plusquamperfekt in dein Heft.

Starthilfe

Der Vater hatte …
Die Mutter hatte …
Tims Schwester war …
Tims kleiner Bruder war …

Verben im Futur

Merkwissen

Wenn man über Dinge spricht, die in der Zukunft liegen, verwendet man oft das Futur (Zukunft). Das Futur wird mit **werden** gebildet:
Die Klassenfahrt **wird** im Juni **stattfinden**.

Auch die Klasse 6 c wird im nächsten Sommer eine Klassenfahrt an den Bodensee machen.

1 Lies den folgenden Text.

Die Lehrerin erzählt den Eltern von der geplanten Klassenfahrt:
„Nächsten Sommer werde ich mit der Klasse an den Bodensee fahren.
Ein Bus wird uns am Montag vor der Schule abholen.
Er wird uns nach Wasserburg bringen.
Am Abend nach der Ankunft werde ich Sie anrufen.
Wir werden viel unternehmen.
Beispielsweise werden wir den Affenberg in Salem besuchen.
Er wird Ihren Kindern gefallen.
Am Freitagabend werden wir wiederkommen."

2 Die Verben im Text stehen im Futur.
- **a.** Unterstreiche die Formen von **werden** und die Nomen oder Personalpronomen dazu.
- **b.** Unterstreiche jeweils den zweiten Teil der Futurform.
- **c.** Schreibe alle Futurformen in deinem Heft auf.

Philipp plant schon die nächtlichen Abenteuer auf der Klassenfahrt. Er erzählt seinem Freund davon.

3 **a.** Lies den folgenden Text.
b. Setze die passenden Verbformen im Futur ein.

„Wir ______ zu den anderen ins Zimmer ______.
Dabei ______ wir uns Lampen unters Kinn ______.
Die anderen ______ große Angst ______!
______ du deine Draculamaske ______?
Falls nicht, ______ wir uns mit den Bettlaken ______.
Unsere Lehrer ______ davon nichts ______.
Das ______ ein Spaß ______!"

schleichen
halten
bekommen
mitnehmen
verkleiden
erfahren
werden

4 Was wirst du bei der nächsten Klassenfahrt tun?
Schreibe mindestens fünf Sätze in deinem Heft auf.

Starthilfe
Ich werde ...

Verben im Passiv

Merkwissen

Wenn man beschreibt, was mit einer Person oder mit einem Gegenstand getan wird, verwendet man das Passiv. Der Vorgang ist wichtig, aber nicht, wer ihn ausführt.
Das Passiv bildet man mit dem Hilfsverb **werden**.
Der Hund wird gebürstet.

Vor dem Urlaub packt Elisa ihren Koffer.

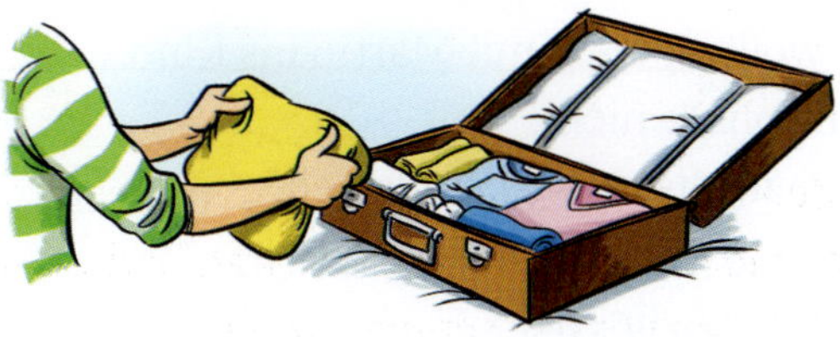

1 a. Lies die Sätze am Rand.
b. Ordne jeden Satz einem Bild zu. Schreibe den Satz unter dem Bild auf.
c. Welcher der beiden Sätze steht im Passiv?
Markiere die Verbform im Passiv.

Der Koffer wird gepackt.
Elisa packt den Koffer.

2 Lies den folgenden Text.

Zuerst wird der Koffer vom Schrank geholt.
Dann werden die Funktionen des Koffers überprüft.
Ist der Koffer in Ordnung, werden alle Sachen bereitgelegt.

3 Wie wird der Koffer gepackt?
Markiere im Text die Verbformen im Passiv.

4 a. Lies die Fortsetzung des Textes.
b. Setze die passenden Verbformen im Passiv ein.

packen
stapeln
einräumen
platzieren
zumachen

Die Schuhe ________ in eine Tüte ________.

Dann ________ die Kleidung sorgfältig in den Koffer ________.

Das Waschzeug ________ in den Kulturbeutel ________.

Der Kulturbeutel ________ im Koffer an einer geeigneten Stelle ________.

Anschließend ________ der Koffer ________.

5 a. Schreibe mit den folgenden Wörtern und Wortgruppen fünf Sätze im Passiv auf.
b. Markiere in deinen Sätzen die Verbformen im Passiv.

die Tischtennisschläger die Getränkeflasche das Buch	wird werden	in den Koffer in die Tasche in den Rucksack	gesteckt gelegt getan

Treffende Verben verwenden

Je mehr passende Wörter eines Wortfeldes du kennst, desto treffender kannst du dich ausdrücken.

1 Lies die Sätze.

Tessa fragt Aylin: „Was hast du gestern gemacht?“
Aylin erzählt: „Ich war im Freibad.“
Tessa schimpft: „Warum hast du mich denn nicht mitgenommen?“
Aylin antwortet: „Du wolltest doch mit Martin ins Kino.“
Tessa erklärt: „Martin konnte nicht.“
Aylin verspricht: „Beim nächsten Mal frage dich.“

Wie sprechen Tessa und Aylin?

2 Schreibe die Verbformen aus den Begleitsätzen auf.

sie sagt: *sie fragt,* ______________________

3 Welches Verb aus Aufgabe 1 passt jeweils? Ergänze die Sätze.

Tessa *erklärt* __________ Aylin den Versuch.

Aylin ______________________, Tessa zu helfen.

Martin ______________________ mit seinem Hund, weil er nicht gehorcht.

Tessa ______________________ Martin von einer Sendung über Hunde.

Martin ______________________ in der Bibliothek nach einem Buch über Hunde.

Martin schickt Tessa eine SMS, aber sie ______________________ nicht sofort.

Man kann etwas laut oder leise sagen.

flüstern – kreischen – tuscheln – rufen – murmeln – schreien

4 **a.** Markiere die Verben mit der Bedeutung „etwas leise sagen“ in Rot.
b. Markiere die Verben mit der Bedeutung „etwas laut sagen“ in Blau.

5 Der folgende Text enthält oft das Verb **sagen**.
Ersetze alle Verbformen von **sagen** durch treffende Verben.

Das Konzert

Tessa und Aylin sind bei einem Konzert. Tessa sucht Aylin. Aylin sagt: „Tessa, ich bin hier!“, doch Tessa hört sie nicht. Aylin sagt laut: „Tessa, ich bin hier!“ Als der Sänger die Bühne betritt, sagen die Fans seinen Namen. Der Sänger nimmt das Mikrofon und sofort wird es ruhig im Saal. Tessa sagt: „Vielleicht singt er jetzt mein Lieblingslied.“

Trennbare Verben

Merkwissen

Einige Verben bestehen aus zwei Teilen. Es sind trennbare Verben.
Im Infinitiv (in der Grundform) schreibst du sie zusammen: anfangen
Im Präsens (Gegenwart) stehen die Verbteile auseinander: Der Tag **fängt** gut **an.**

Die Klasse 6a will ein Klassenfest im Wald feiern.

Herr Streif baut den Tisch auf.

Lena packt die Lichterkette aus.

Frau Hahn gießt den Saft ein.

Paul schaut beim Grillen zu.

1 **a.** Sieh dir die Bilder an und lies die Sätze darunter.
b. Was machen die Menschen? Schreibe die Sätze auf.
c. Markiere die beiden Teile des Verbs und verbinde beide Verbteile.
d. Schreibe das Verb im Infinitiv auf.

Herr Streif baut den Tisch auf. — *aufbauen*

______________________ ______

______________________ ______

______________________ ______

2 **a.** Sieh dir die Bilder an und lies das Wortmaterial am Rand.
b. Was machen die Menschen? Schreibe Sätze auf.
c. Markiere die beiden Teile des Verbs und verbinde beide Verbteile.

Der Junge beugt sich zu den Ameisen hinunter.

____

____

____

sich zu den Ameisen hinunterbeugen
auf den Baum hinaufklettern
die Federballschläger herausholen
dem Ball hinterherlaufen

3 Schreibe mit den Verben vom Rand Sätze im Präsens in dein Heft.

abfahren
einteilen
wegnehmen
aufstehen

Unregelmäßige Verben

Bei einigen Verben ändert sich im Präteritum (1. Vergangenheit) und im Perfekt (2. Vergangenheit) der Verbstamm.

sitzen: Sie saßen im Kreis. – Sie haben im Kreis gesessen.

1 **a.** Lies die folgenden Sätze.
b. Unterstreiche die Verbformen im Präteritum und im Perfekt mit verschiedenen Farben.

Der Ball lag hinter einem Baum. Fredi rief: „Ich habe den Ball gefunden!"

Lena nahm sich einen Becher mit Saft. „Ich habe lange nichts getrunken."

2 **a.** Ergänze die Verbformen aus Aufgabe 1 in der Tabelle.
b. Markiere die Vokale (a, e, i, o, u) im Verbstamm, die sich ändern.

Infinitiv (Grundform)	Präteritum (1. Vergangenheit)	Perfekt (2. Vergangenheit)
liegen	er lag	er hat gelegen
rufen		er hat gerufen
finden	ich fand	
nehmen		sie hat genommen
trinken	ich trank	

3 Schreibe die folgenden Sätze in deinem Heft auf.
Ergänze passende Verbformen im Präteritum.

Leas Wurfspiel ? auf dem Getränketisch. Die Kinder ? nach Herrn Streif. Fredi und Pia ? das Federballspiel. Alle ? ihre Saftbecher leer.

Fredi erzählt seinen Eltern vom Klassenfest.

4 **a.** Unterstreiche in den folgenden Sätzen die Perfektformen.
b. Übertrage die Tabelle in dein Heft.
c. Trage die Perfektformen in die Tabelle ein.
d. Ergänze jeweils die Präteritumform und den Infinitiv.

Paul hat den Ball ganz weit geworfen.

Frau Hahn hat den Ball gefunden.

Lisa ist von einem hohen Ast gesprungen.

Dann hat sie die letzte Wurst gegessen.

Starthilfe

Infinitiv	Präteritum	Perfekt
werfen	er warf	er hat geworfen
...	...	...

Die Zeitformen der Verben anwenden

Sergej hat mit seiner Klasse eine Klassenfahrt nach Nürnberg gemacht.

1 a. Lies den folgenden Text.
b. Unterstreiche alle Verbformen. /8 Punkte
c. Trage die Zeitformen in die Klammern ein. /8 Punkte

Am 13. Juni fuhren wir mit dem Bus nach Nürnberg. (______________)

Die Fahrt dauerte lange, (______________)

aber wir wollten unbedingt in eine größere Stadt. (______________)

Vorher haben wir lange über das Ziel diskutiert. (______________)

Frau Meyer hatte verschiedene Vorschläge gemacht. (______________)

Die Abstimmung war aber einstimmig ausgegangen. (______________)

Im nächsten Jahr werden wir ins Allgäu fahren. (______________)

Dort werden wir uns dann eine Käserei ansehen. (______________)

2 a. Übertrage die folgenden Sätze in die angegebenen Zeitformen. Schreibe die Sätze auf. /8 Punkte
b. Markiere in deinen Sätzen die Verbformen. /8 Punkte

> Vor der Klassenfahrt besprechen wir die Ausflüge.
> Die Klassensprecher helfen Frau Meyer bei der Organisation.

Perfekt: ______________

____

____

____

Präteritum: ______________

____

____

Plusquamperfekt: ______________

____

____

____

Futur: ______________

____

____

Gesamt: /32 Punkte

Auswertung ➤ **Lösungsheft**

Wortart: Präpositionen

Merkwissen

Wörter wie **aus, bei, durch, für, mit, ohne, seit, um** und **von** sind Präpositionen.
Mit ihrer Hilfe kann man z. B. ausdrücken, womit etwas getan wird (Dativ):
Er trifft den Ball mit dem Schläger.
Mit Präpositionen kann man auch ausdrücken, wodurch etwas geschieht (Akkusativ):
Meine Mannschaft siegte durch den Elfmeter.

Nach den Präpositionen **mit**, **bei**, **von**, **aus** und **seit** steht das Nomen immer im Dativ mit dem Artikel der/einem, dem/einem, der/einer.

Niklas trainiert mit dem Springseil.

Jana spielt mit dem Ball.

Merle übt mit der Kugel.

1 Womit trainieren die Kinder?
a. Schreibe die Sätze auf.
b. Markiere in deinen Sätzen die Präpositionen gelb.
c. Markiere die Nomen nach den Präpositionen mit ihren Artikeln grün.

Niklas trainiert mit dem Springseil.

______

______

2 **a.** Lies die Wortgruppen am Rand.
b. Ergänze die folgenden Sätze mit passenden Wortgruppen.
c. Markiere die Präpositionen und die Nomen im Dativ mit ihren Artikeln.

Alle Kinder trainieren ______.

Das Ballspiel kennt Zane ______.

Niklas verletzt sich ______.

Max träumt ______.

von einem Erfolg
seit dem Morgen
bei einer Übung
aus einer Sportstunde

3 Setze die Wortgruppen in der richtigen Form mit den passenden Präpositionen ein.

Milava erholt sich (der Lauf) ______.

Der Trainer belohnt die Kinder (ein Getränk) ______.

Merle trainiert (ihr sechstes Lebensjahr) ______.

Jana bedankt sich (ihr Verein) ______.

bei
seit
mit
von

Nach den Präpositionen durch, für, ohne und um steht das Nomen immer im Akkusativ mit dem Artikel den/einen, das/ein, die/eine.

4 Was geschieht beim Sportfest?
Lies die folgenden Sätze.

Arne kümmert sich um den Imbiss.
Die Verpflegung gibt es durch eine Spende.
Ein Mädchen bedankt sich für ein Getränk.
Vier Jungen laufen um die Wette.
Mia kommt ohne das Staffelholz ins Ziel.
Die Lehrer loben die Sportler für die guten Leistungen.

5 **a.** Schreibe die Sätze auf.
b. Markiere in deinen Sätzen die Präpositionen gelb.
c. Markiere die Nomen nach den Präpositionen mit ihren Artikeln grün.

Arne kümmert sich um den Imbiss.

______

______

______

______

______

______

6 **a.** Lies die Wortgruppen am Rand.
b. Ergänze die folgenden Sätze mit passenden Wortgruppen.
c. Markiere die Präpositionen und die Nomen im Akkusativ mit ihren Artikeln.

Die Schüler kämpften ______ der Eltern.

Leider verletzte Gustav sich ______.

Die Sanitäter kümmerten sich ______.

Gustav bedankte sich ______.

durch einen Unfall
ohne die Unterstützung
um den Verletzten
für die Hilfe

7 Setze die Wortgruppen in der richtigen Form mit den passenden Präpositionen ein.

Alle verbesserten ihre Leistungen (das Training) ______.

Die Klasse 6 a bekam die Urkunde (ihr Sieg) ______.

Der Sportlehrer sorgt sich (seine Schüler) ______.

Der Erfolg wäre (der Einsatz) ______ aller Beteiligten ausgeblieben.

um
für
ohne
durch

Satzglieder verwenden

Subjekt, Prädikat und Objekt wiederholen

Du kennst bereits die wichtigsten Satzglieder: Subjekt, Prädikat und Objekt.

1 **a.** Lies den folgenden Text.
b. Frage mit **Wer? oder Was?** nach den Subjekten.
Schreibe die Fragen und die Antworten in deinem Heft auf.
c. Kennzeichne das Subjekt im Text so: [ ].

[Julia und Pia] (fahren) morgens zusammen mit dem Bus zur Schule.
Sie warten an der Bushaltestelle. Zum Glück kommt der Schulbus
meistens pünktlich. Die Freundinnen sitzen oft in der letzten Reihe.
Während der Fahrt üben viele Kinder Vokabeln.

2 **a.** Frage im Text von Aufgabe 1 mit **Was tut?** oder **Was tun?** nach den Prädikaten.
Schreibe die Fragen und die Antworten in deinem Heft auf.
b. Kennzeichne das Prädikat im Text so: ( ).

3 **a.** Lies den folgenden Text.
b. Frage mit **Wen?** oder **Was?** nach den Akkusativobjekten.
Frage mit **Wem?** nach den Dativobjekten.
Frage mit **Wessen?** nach dem Genitivobjekt.
Schreibe die Fragen und die Antworten in deinem Heft auf.
c. Kennzeichne das Objekt im Text so: [ ].

Julia gibt [ihrer Freundin] [das Vokabelheft]. Sie hat die Vokabeln oft geübt.
Bald darauf verlassen sie den Bus. Pia winkt fröhlich dem Busfahrer.
Wenig später betreten die Kinder den Klassenraum.
Jonas zeigt dem Lehrer den zerbrochenen Globus. Er ist sich seiner Schuld bewusst.

4 **a.** Bilde Sätze mit Subjekt, Prädikat, Akkusativobjekt und Dativobjekt.
Schreibe die Sätze in deinem Heft auf.
b. Kennzeichne die Satzglieder mit [ ], ( ), und [ ].

die Mädchen die Jungen die Lehrerin	stellen bringen erklären	der Mutter dem Freund der Schülerin	eine Frage die Aufgabe den Ball

Die adverbialen Bestimmungen

Merkwissen

Mit einer adverbialen Bestimmung des Ortes kann man ausdrücken, wo etwas geschieht. Man fragt mit **Wo?, Woher?** oder **Wohin?**.
Wo spielen Ella und Max? Ella und Max spielen auf dem Schulhof.

Mit einer adverbialen Bestimmung der Zeit kann man ausdrücken, wann etwas geschieht. Man fragt mit **Wann?** oder **Wie lange?**.
Wann repariert der Hausmeister das Klettergerüst? Er repariert es morgens.

Mit einer adverbialen Bestimmung des Grundes kann man ausdrücken, warum etwas geschieht. Man fragt mit **Warum?**.
Warum ist die Stange abgebrochen? Sie ist wegen ihres Alters abgebrochen.

Auf dem Schulhof ist etwas kaputtgegangen.

1 **a.** Lies die folgenden Sätze.
b. Frage nach den adverbialen Bestimmungen des Ortes und der Zeit.
c. Markiere die adverbialen Bestimmungen des Ortes und der Zeit mit unterschiedlichen Farben.

Die Schüler laufen in der Pause auf den Schulhof. Leider ist am Klettergerüst eine Stange abgebrochen. Der Hausmeister kommt gleich aus seinem Zimmer. Er stellt sein Werkzeug vor dem Klettergerüst ab. „Die Reparatur dauert etwa zwei Stunden", meint er. „Morgen könnt ihr wieder sicher klettern."

2 **a.** Frage in den folgenden Sätzen nach den hervorgehobenen adverbialen Bestimmungen der Zeit.
b. Schreibe die Fragen und die Antworten in deinem Heft auf.

Der Hausmeister arbeitet seit zwei Stunden an dem Klettergerüst.
Er will es bis zum Abend repariert haben.

Warum ist das Klettergerüst kaputtgegangen?

3 **a.** Lies die Vermutungen.
b. Frage nach den hervorgehobenen adverbialen Bestimmungen des Grundes.
c. Schreibe die Fragen und die Antworten auf.

Tim behauptet: „Die Stange ist wegen ihres Alters abgebrochen."
Lisa sagt: „Bestimmt ist sie wegen der großen Belastung beschädigt."
„Nein, sie ist wegen der Roststellen kaputtgegangen", sagt der Hausmeister.

Warum ist die Stange abgebrochen? wegen ihres Alters
Warum ist sie beschädigt? Wegen dem Gewichtes!
Warum ist sie kaputt? Wegen dem Roststellen!

Satzglieder umstellen

Merkwissen

Ein Satzglied kann aus einem Wort oder aus einer Wortgruppe bestehen.
Mit der Umstellprobe kannst du Satzglieder ermitteln:
Die Wörter eines Satzglieds kann man nur gemeinsam umstellen.

Jonas | feiert | ein fröhliches Geburtstagsfest | im Garten.

1 Wende die Umstellprobe an.
a. Lies die Sätze.
b. Stelle jeden Satz zweimal um. Schreibe deine Sätze auf.
c. Trenne die Satzglieder durch Striche voneinander ab.

Jonas | gibt | am Samstag | eine Geburtstagsparty.

Eine Geburtstagsparty gibt Jonas am Samstag.

Am Samstag gibt Jonas eine Geburtstagsparty

Zu Hause | schreibt | er | seine Einladungskarten | mit dem Computer. |

seine Einladungskarte schreibt er mit dem Computer. zu Hause

zu Hause schreibt er mit dem Computer seine Einladungskarten.

Jonas | gibt | am Montag | die Karten | seinen Freunden. |

Am Montag gibt Jonas seinen Freunden die karten

Jonas gibt am Montag seinen Freunden die karten.

2 **a.** Trenne die Satzglieder durch senkrechte Striche voneinander ab.
b. Kennzeichne die Satzglieder mit [Sub], (Prä), [AB] und ~~Ak~~.

Alle kommen am Samstag pünktlich.

Nur Malina ist wegen ihrer Zahnschmerzen zu Hause.

Eine besondere Überraschung haben sich Max und Carolin ausgedacht.

Sie gehen eine Woche später ins Fußballstadion.

Jonas findet dieses Geschenk toll.

Sofort legt er die Eintrittskarten auf seinen Geburtstagstisch.

Satzglieder ersetzen, erweitern und weglassen

Satzglieder kannst du durch andere Wörter oder Wortgruppen ersetzen. Dadurch werden Sätze abwechslungsreicher.

1 **a.** Lies die folgenden Sätze.
b. Ersetze die unterstrichenen Satzglieder durch Personalpronomen. Schreibe deine Sätze auf.

Sie
sie
es
ihr

<u>Jonas, seine Schwester Linda und ihre Eltern</u> bauen im Garten ein Zelt auf.

Sie bauen im Garten ein Zelt auf.

Linda schmückt <u>das Zelt</u> mit Lichterketten.

Linda schmückt es mit Lichterketten.

Der Vater hilft <u>Linda</u>, <u>die Lichterketten</u> aufzuhängen.

Dar Vater hilft ihr, sie aufhängen.

2 **a.** Lies die folgenden Sätze.
b. Ersetze einige Satzglieder durch Personalpronomen. Schreibe deine Sätze in dein Heft.

Das Fest ist sehr schön. Linda sorgt für tolle Musik.
Die Musik bringt sogar Pawel und Maja zum Tanzen.
Pawel und Maja rufen Linda ein Lob zu.

Satzglieder kannst du durch Adjektive erweitern. Dadurch wird etwas anschaulicher.

3 **a.** Lies die folgenden Sätze.
b. Füge passende Adjektive ein. Schreibe deine Sätze auf.
Tipp: Achte auf die Endungen der Adjektive.

Sprachspeicher
schmutzig
sauber
übrig
glücklich
ausgelassen
fröhlich

Amari und Aida stapeln die Teller.

Amari und Aida stapeln die schmuziegen. Teller

Jonas hat viele Gäste.

Jonas hat viele glückliche Gäste.

Manchmal kannst du Satzglieder weglassen. Die Sätze werden dadurch kürzer.

4 **a.** Trenne die Satzglieder durch Striche voneinander ab.
b. Welche Satzglieder kannst du weglassen? Streiche sie durch.

Die rote Salatschüssel auf dem kleinen Tisch ist fast leer.
Am späten Abend teilt Sami allen Gästen Würstchen aus.

Satzglieder verwenden

1 **a.** Frage nach den gekennzeichneten Satzgliedern.
b. Bestimme die Satzglieder und schreibe die Bezeichnungen auf.

/7 Punkte

Am Nachmittag spielen Aylin und Ole Tischtennis.
Boris und Yannik warten vor dem Schulgebäude.
Peter und Michelle trinken Kakao.
Herr Müller wischt die Tafel.
Tina zeigt Dan den Weg zum Sekretariat.
Isabel und Amelie machen Hausaufgaben.
Amelie ist sich ihrer Ergebnisse sicher.

Am Nachmittag spielen Aylin und Ole Tischtennis. Wann? Adverbiale Bestimmung der Zeit | Boris und Yannik warten vor dem Schulgebäude. Wo? Adverbiale Bestimmung des Ortes.

2 Kennzeichne die Satzglieder mit ▭, ▭, ▭ und ~~~~.

/10 Punkte

Simons Bruder vergisst am ersten Schultag sein Pausenbrot.
Heute holt Anne wegen des Regens einen Schirm aus dem Flur.

3 Bilde zwei Sätze mit Subjekt, Prädikat, Akkusativobjekt, Dativobjekt und adverbialer Bestimmung.
a. Schreibe die Sätze auf.
b. Kennzeichne die Satzglieder.

/2 Punkte
/10 Punkte

Lena Erdal und Sofie	schenken zeigen	Jan der Schwester	am Morgen in der Schule	die Geburtstagskarte ein Jugendbuch

Lena schenkt Jan am Morgen die Geburtstags-karte. Erdal und Sofie zeigen der Schwester in der Schule ein Jugendbuch.

4 Stelle den folgenden Satz zweimal um.
a. Schreibe deine Sätze auf.
b. Trenne die Satzglieder durch Striche voneinander ab.

/3 Punkte

Gestern | schenkte | Amelie | ihrer Freundin | einen farbigen Stift.

Amelie schenkte ihrer Freundin einen farbigen Stift.
Ihrer Freundin schenkte Amelie gestern einen farbigen Stift.

5 Ergänze die Satzglieder um passende Adjektive.

/2 Punkte

Am frühen Nachmittag kauft Noel sich
ein goßes Sandwich.

Gesamt: /34 Punkte
Auswertung ➤ Lösungsheft

Sätze untersuchen

Hauptsätze verknüpfen

Merkwissen

Mit einer Satzreihe kann man Hauptsätze verbinden, die man als Einheit versteht. Eine Satzreihe besteht aus mindestens zwei Hauptsätzen.
Die gebeugte Verbform steht an zweiter Stelle. Konjunktionen wie **und**, **oder**, **aber**, **sondern**, **denn**, **doch** verbinden Hauptsätze. Vor den Konjunktionen steht ein Komma. Nur vor **und** und **oder** kann es fehlen.
Wir **spielen** das Spiel oft, **denn** es **macht** großen Spaß.
Hauptsatz Hauptsatz

1 **a.** Unterstreiche in den folgenden Satzreihen die beiden Hauptsätze in unterschiedlichen Farben.
b. Kreise jeweils die Konjunktion (das Bindewort) ein.

Emma wartet an der großen Reifenschaukel auf ihre Freundinnen,

aber Mirabell und Carolin kommen nicht.

Emma wundert sich, denn sie haben sich in der Schule verabredet.

2 **a.** Verknüpfe die folgenden Sätze durch **aber** oder **denn** miteinander. Schreibe die Satzreihen auf. Achte auf die Kommasetzung.
b. Kreise jeweils die Konjunktion ein und unterstreiche die gebeugten Verbformen.

Emma will wieder gehen, ? da kommen Mirabell und Carolin herbei.

Die beiden Mädchen haben sich nicht beeilt, ? sie haben keine Uhr dabei.

3 Verknüpfe die folgenden Sätze durch **aber** oder **denn** miteinander. Schreibe die Satzreihen in deinem Heft auf. Achte auf die Kommasetzung.

Jasper möchte zu seinen Freunden nach draußen gehen. Er muss lernen.
Für die Probearbeit gibt es viel zu tun. Jasper will heute noch Fußball spielen.
Die Freunde spielen nicht ohne Jasper. Jasper ist der beste Stürmer.

Hauptsätze und Nebensätze verknüpfen

Merkwissen

Mit Satzgefügen kann man Aussagen verknüpfen.
Ein Satzgefüge besteht aus einem Hauptsatz und mindestens einem Nebensatz. Der Hauptsatz ist ein eigenständiger Satz.
Die gebeugte Verbform steht an zweiter Stelle.
Der Nebensatz kann nicht allein stehen.
Die gebeugte Verbform steht an letzter Stelle. Nebensätze kann man mit Konjunktionen (z. B. **weil**, **dass**, **während**) einleiten.
Der Hauptsatz und der Nebensatz werden durch ein Komma getrennt.

Mir gefällt Beştaş, weil ich mich beim Spielen gerne bewege.
Hauptsatz — Nebensatz

Nebensätze mit da, weil

Die Konjunktionen (die Bindewörter) **da** und **weil** leiten Begründungen ein.

1 a. Unterstreiche in den folgenden Satzgefügen die Hauptsätze blau und die Nebensätze grün.
b. Kreise im Nebensatz jeweils die Konjunktion ein.

Orhan und Katrin suchen in der Spielekiste die Schachfiguren, weil sie gern Schach spielen. Das Spieleturnier auf dem Schulhof wird um eine Stunde verschoben, da es gerade sehr stark regnet.

2 a. Verknüpfe die folgenden Sätze durch **da** oder **weil** miteinander. Schreibe die Satzgefüge auf. Achte auf die Kommasetzung.
b. Kreise im Nebensatz jeweils die Konjunktion ein und unterstreiche die gebeugte Verbform.

Leo ärgert sich, ? er ein Spiel verloren hat.

Frau Rieder klatscht in die Hände, ? einige Kinder zu laut sind.

3 Verknüpfe die folgenden Sätze durch **da** oder **weil** miteinander. Schreibe die Satzgefüge in deinem Heft auf. Achte auf die Kommasetzung.

Frieder kriecht unter den Tisch. Er sucht seinen Würfel.
Frieder wundert sich. Nora hat den Würfel.
Endlich können die Kinder auf den Schulhof. Es hat aufgehört zu regnen.
Benjamin freut sich darüber. Er spielt am liebsten Völkerball.

Nebensätze mit dass

Auch dass ist eine Konjunktion (ein Bindewort). Sie verbindet einen Hauptsatz mit einem Nebensatz.

1 a. Unterstreiche in den folgenden Satzgefüge die Hauptsätze blau und die Nebensätze grün.
b. Kreise im Nebensatz jeweils die Konjunktion ein.

Die Kinder lesen in den Spielregeln, dass der Jüngste beginnen darf.

Nele ist erstaunt, dass die Spielregeln so kompliziert sind.

Tido gefällt es, dass man bei diesem Spiel rechnen muss.

2 a. Verbinde die folgenden Satzanfänge mit den passenden **dass**-Sätzen.
b. Schreibe die vollständigen Satzgefüge auf. Achte auf die Kommasetzung.
c. Kreise im Nebensatz jeweils **dass** ein und unterstreiche die gebeugte Verbform.

Tina weiß,	dass sie in der nächsten Runde mitspielen darf.
Orhan freut sich,	dass der nächste Spielzug wichtig ist.
Er jubelt so laut,	dass man es überall hören kann.
Mia bittet darum,	dass er das Spiel gewonnen hat.

3 Verknüpfe die folgenden Sätze durch **dass** miteinander.
Schreibe die Sätze in deinem Heft auf.
Achte auf die Kommasetzung.
Tipp: Manchmal entfällt ein Wort im Hauptsatz.

Corinna ist überrascht. Ein Spiel kann beim Schach lange dauern.
Es gefällt Franzi. Sie kann schon einige Spielzüge.
Max hat es gelernt. Der König ist beim Schachspiel die wichtigste Figur.
Maja hofft es. In der Schule gibt es bald wieder einen Spielenachmittag.
Frau Rieder freut sich. Die meisten Schüler sind gute Verlierer.

Nebensätze mit das

Das Relativpronomen **das** leitet einen Nebensatz ein.
Es bezieht sich auf ein Nomen im Hauptsatz.
Mit Nebensätzen mit **das** kannst du wichtige Nomen genauer erklären.

1 a. Unterstreiche in den Sätzen die Hauptsätze blau und die Nebensätze grün.
b. Kreise jeweils das Relativpronomen **das** ein.
c. Verbinde jeweils das Relativpronomen mit dem Wort, auf das es sich bezieht.

Jonas, Navid, Orhan und Lena holen das Memo-Spiel, das ihnen sehr gefällt.

Orhan sucht ein Kärtchen, das noch niemand aufgedeckt hat.

Lena freut sich über das Kartenpaar, das sie gezogen hat.

2 a. Verknüpfe die folgenden Sätze mit dem Relativpronomen **das** miteinander.
Schreibe die Sätze auf.
Achte auf die Kommasetzung.
b. Kreise im Nebensatz jeweils das Relativpronomen **das** ein und unterstreiche die gebeugte Verbform.
c. Verbinde jeweils das Relativpronomen mit dem Wort, auf das es sich bezieht.

Ein paar Kinder machen ein Buchstabenspiel, ? lange dauert.

Die Mitspieler lesen das Wort, ? Felix und Noel gelegt haben.

Marie schreibt die Punkte in ein Heft, ? neben ihr liegt.

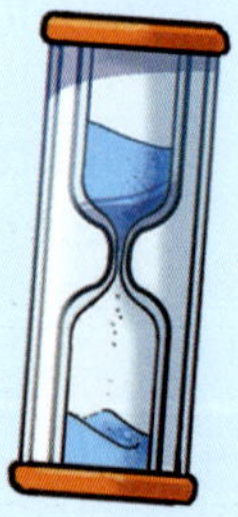

3 Erkläre das Nomen aus dem ersten Satz durch einen Nebensatz genauer.
Verwende dabei die Angaben aus dem zweiten Satz.
a. Verknüpfe die Sätze durch das Relativpronomen **das** miteinander.
Schreibe die Sätze in deinem Heft auf.
Achte auf die Kommasetzung.
b. Verbinde jeweils das Relativpronomen mit dem Wort, auf das es sich bezieht.

Mike probiert ein Computerspiel aus. Das Computerspiel ist ganz neu.

Er trägt dabei ein Headset. Das Headset liegt immer neben dem Computer.

Sätze verknüpfen

1 a. Verknüpfe jeweils zwei Sätze durch **denn** miteinander und schreibe sie auf.
b. Markiere das Komma und unterstreiche die gebeugten Verbformen.

/6 Punkte

Ich komme pünktlich in die Schule.
Der Wandertag fällt aus.
Wir nehmen an der Schulmeisterschaft teil.

Es wird morgen regnen.
Ich nehme das Fahrrad.
Unsere Mannschaft war die beste.

2 a. Bilde Satzgefüge mit **weil** und schreibe sie auf.
b. Markiere das Komma und unterstreiche die gebeugte Verbform im Nebensatz.

/4 Punkte

Rafik glaubt an den Sieg seiner Mannschaft.
Beim letzten Spiel wurde niemand verletzt.

Alle Spieler waren fair.
Alle Mitspieler haben viel trainiert.

3 a. Verknüpfe die Sätze jeweils durch **dass** miteinander und schreibe sie auf.
b. Markiere das Komma und unterstreiche die gebeugte Verbform im Nebensatz.

/4 Punkte

Luis ist froh. Es regnet nicht.
Orhan wettet. Rafiks Mannschaft gewinnt.

4 a. Verknüpfe die Sätze jeweils mit dem Relativpronomen **das** miteinander.
b. Markiere das Komma und unterstreiche die gebeugte Verbform im Nebensatz.
c. Kreise jeweils das Relativpronomen ein und verbinde es mit dem zugehörigen Nomen.

/4 Punkte

Ayshe betritt das Stadion. Das Stadion ist gut gefüllt.
Sie schaut sich das Spiel an. Das Spiel hat bereits angefangen.

Gesamt: /18 Punkte
Auswertung ➤ **Lösungsheft**

weitere Bestandteile des Lehrwerks:
- Schülerbuch 6 (ISBN 978-3-06-062814-8)
- E-Book zum Schülerbuch 6 (ISBN 978-3-06-060728-0)
- Interaktive Übungen 6 (ISBN 978-3-06-062070-8)

Das Buch wurde erarbeitet auf der Grundlage der Ausgabe von Silke Müller (Herausgeberin), sowie von Simone Drews, Diana Grünkorn, Angela Lieser, Silke Müller, Judith Schürmer, Gila Tautz, Eva Thürer, Torsten Zander.

Redaktion: Barbara Holzwarth, Gröbenzell/München
Umschlaggestaltung: Buchgestaltung +, Berlin
Umschlagillustration: Natascha Römer, Römer & Osadtschij GbR, Schwäbisch Gmünd
Layoutkonzept: Wladimir Perlin (MeGA 14), Berlin
Technische Umsetzung: beluga-grafikbüro Ines Schiffel, Berlin

Textquellen
Wörterbuchauszüge (S. 6). Aus: Wortprofi® Bayern - Schulwörterbuch Deutsch. Cornelsen Schulverlage GmbH, Berlin, 2016, S. 33 u. 507.
Maar, Paul: Angsthase (S. 34). Gekürzt und verändert. Aus: Paul Maar: Anne will ein Zwilling werden. Verlag Friedrich Oetinger, Hamburg 1982, S. 32–38.
Detlev von Liliencron: Heidebilder (S. 40). Aus: Stolte, Heinz Hermann (Hrsg.): Detlev von Liliencron. Leben und Werk. Husum Verlag, Husum 1980.
Falke, Gustav: Wäsche im Wind (S. 41). Aus: Hohe Sommertage. Neue Gedichte. tredition, Hamburg 2011.
Jug, Sieglinde: Luftikus (S. 42). Aus: Lesart. Ein Leseprojekt von Lesekultur macht Schule. Hrsg. von LESEKULTUR MACHT SCHULE - Lesepädagogik in Kärnten. Pädagogische Hochschule Kärnten, Kärnten 2006.
Britting, Georg: Am offenen Fenster bei Hagelwetter (S. 43). Aus: Schuldt-Britting, Ingeborg (Hrsg.): Sämtliche Werke in 23 Bänden, Band 1: „Der irdische Tag“, S. 55 © Georg-Britting-Stiftung.

Bildquellen
S. 9: Fotolia/Photocreo Bednarek; S. 10: Fotolia/Nina_Szebrowski; S. 11: Fotolia/Mario Savoia; S. 14: Fotolia/monticellllo; S. 16: Shutterstock/Nerthuz; S. 18: Shutterstock; S. 50: Fotolia/pixelrobot; S. 67: Fotolia/Pavel Losevsky; S. 68: Fotolia/GraphicCompressor; S. 76: Fotolia/pure-life-pictures

Illustrationen
Sylvia Graupner, Annaberg-Buchholz: S. 28, 31, 33, 35, 37, 39
Carsten Märtin, Oldenburg: S. 44, 46–47, 49, 51–52, 54–56, 58, 60, 62
Matthias Pflügner, Berlin: S. 72, 79
Friederike Rave, Drönnewitz (Wittendörp): S. 84
Barbara Schumann, Schöneiche: S. 40, 42, 43
Dorina Tessmann, Berlin: S. 20, 22, 25
Rüdiger Trebels, Düsseldorf: S. 66, 69, 71, 73–74, 81–82, 84, 87, 89, 91–92, 94

www. cornelsen.de

1. Auflage, 1. Druck 2018

Alle Drucke dieser Auflage sind inhaltlich unverändert und können im Unterricht nebeneinander verwendet werden.

Druck: Parzeller print & media GmbH & Co. KG, Fulda

Ausgabe ohne interaktive Übungen
1. Auflage, 1. Druck 2018
ISBN 978-3-06-062820-9

Ausgabe mit interaktiven Übungen
1. Auflage, 1. Druck 2018
ISBN 978-3-06-062062-3

PEFC
PEFC/04-31-1308

PEFC zertifiziert
Dieses Produkt stammt aus nachhaltig bewirtschafteten Wäldern und kontrollierten Quellen.
www.pefc.de

Doppel-Klick 6 Mittelschule Bayern

Arbeitsheft Deutsch 6

Lösungen

Seite 6

3 *So könntest du die Fragen beantwortet haben:*
Wasser ist durchsichtig und geruchlos.

Wasser besteht aus einem kleinsten Teil des chemischen Elements Sauerstoff und zwei kleinsten Teilen des chemischen Elements Wasserstoff.

Seite 7

5 **b.**
immens: unermesslich
die Atmosphäre: die Gashülle, die die Erde umgibt
intensiv: gründlich, eindringlich, kräftig

6 Nicht nur wir Menschen, auch alle Pflanzen und Tiere benötigen zum Leben Wasser. Auf der Erde befinden sich unermessliche Wasservorräte. Es gibt unzählige Flüsse, Seen und viele Meere. Sogar in der Gashülle, die die Erde umgibt, findet man Wasser in Form von Wasserdampf. Allerdings ist fast alles Wasser auf der Erde Salzwasser und somit für den Menschen und für viele Tier- und Pflanzenarten ungeeignet. Süßwasser hingegen ist in einigen Teilen der Erde äußerst knapp. Deswegen sollten wir uns alle gründlich darum bemühen, Wasser nicht zu verschwenden.

8 sog.: sogenannt
z. B.: zum Beispiel
usw.: und so weiter
ca.: circa (Das bedeutet: ungefähr.)

● **9** *Diese Antworten hast du sicher angekreuzt:*

Virtuelles Wasser ist nur in Lebensmitteln „versteckt".	☐ richtig	☒ falsch
Für ein Kilogramm Käse werden genau 5 000 Liter Wasser verbraucht.	☐ richtig	☒ falsch

Seite 8

⊙ **2** **b.** *Diese Stichworte könntest du aufgeschrieben haben:*
Wasserglas, kostbar, rein, klar

Seite 9

3 **b.** *Diesen Satz könntest du aufgeschrieben haben:*
Der Sachtext informiert vermutlich darüber, wie wichtig Wasser ist.

5 *Diesen Satz könntest du aufgeschrieben haben:*
In dem Text geht es um den Wasserbedarf des menschlichen Körpers und um die Möglichkeiten einiger Tiere, sich gegen Austrocknung zu schützen.

Seite 11

6 **b.**
Absatz 1: Überleben ohne Wasser?
Absatz 2: Der Wasserhaushalt im Körper
Absatz 3: Die Aufgaben des Wassers im Körper

● **c.** *Diese Zwischenüberschriften könntest du aufgeschrieben haben:*
Absatz 4: Die Folgen von Wassermangel
Absatz 5: Wie Tiere Wasser speichern

8 *Diese Schlüsselwörter könntest du notiert haben:*
Absatz 1: Niemand überlebt, ohne Wasser, Zwei Tage, Menschen, Täglich, 1,5 bis zwei Liter, Bauarbeiter, Leistungssportler, doppelte bis dreifache Menge, Krankheiten, Wasserbedarf erhöht
Absatz 2: Körper, zu drei Vierteln aus Wasser, verlieren, Schwitzen, Urinausscheidungen, Atmen, 2,5 Liter, Verlust, ausgleichen, Lebensmittel, Wasser
Absatz 3: Wasser, Körper, Blut, Zellen, Gehirn, Nieren, Muskeln, Wassermenge, fünf Prozent, Körper, Stress, Durst
● Absatz 4: Wassermangel, trocknet aus, Blut zähflüssig, Blutdruck sinkt, Gehirn nicht genug Flüssigkeit, Schwindel, Haut trocknet aus, Nieren, Giftstoffe, Herz aus dem Takt, großer Hitze, Anstrengungen vermeiden, viel trinken
● Absatz 5: Kamelen, 200 Liter, 40 Tage, mehrere Mägen, Wasser speichern, Urinieren, Giftstoffe, kaum Wasser, Höckern, Gerücht, Fett, Insekten, festen Panzer, Reptilien, Krokodil, Leguan, Schuppen, Körpertemperatur, Umgebung anpassen, weniger schwitzen

9 **a.** *Diese Erklärung könntest du aufgeschrieben haben:*
der Organismus: das gesamte System der Organe

● **b.** *Diese Erklärung könntest du aufgeschrieben haben:*
Eine Faustregel ist eine Regel, die einfach anzuwenden und ungefähr ist.

Seite 12

10 *Diese Sätze könntest du aufgeschrieben haben:*
- Täglich braucht ein Mensch 1,5 bis zwei Liter Wasser.
- Menschen verlieren hauptsächlich durch Schwitzen, Urinausscheidungen und durch das Atmen Wasser.
- Wir können dem Körper durch Lebensmittel Wasser geben, ohne zu trinken.
- Das Wasser lässt im Körper das Blut fließen, schützt die Zellen, treibt das Gehirn an, lässt die Nieren richtig arbeiten und die Muskeln spielen.
- Bei Wassermangel trocknet der Körper aus. Das Blut wird zähflüssig, der Blutdruck sinkt, die Haut wird spröde. Schließlich kommt es zu Herzbeschwerden und das Gehirn schaltet sich ab.
- Kamele kommen lange ohne Wasser aus, weil sie das Wasser in ihren Mägen speichern und beim Urinieren kaum Wasser ausscheiden.

11 *So könnte deine Lösung aussehen:*
Aufgaben im Körper: lässt Blut fließen, schützt Zellen, wichtig für Gehirn, Nieren und Muskeln
Folgen von Wassermangel: Blut wird zähflüssig, Blutdruck sinkt, Schwindel, Haut wird spröde, Giftstoffe bleiben im Körper, Herzbeschwerden, Gehirn schaltet ab
Schutz gegen Austrocknung: Trinken, Essen
Tier: Wasser in Mägen speichern (Kamel), fester Panzer (Insekten), Schuppen (Reptilien)
täglicher Wasserverlust durch: Schwitzen, Urinausscheidungen, Atmen

Seite 13

12 b. *Diesen Satz könntest du aufgeschrieben haben:*
Die Grafik informiert darüber, wie viel Wasser unterschiedliche Lebensmittel jeweils enthalten.

13 *Diese Antwort hast du sicher angekreuzt:*
den Anteil des Wassers in Lebensmitteln

14 b. *Diese Antworten hast du sicher angekreuzt:*

	richtig	falsch
Kartoffeln enthalten mehr Wasser als Bohnen.	☐	☒
Zwei Lebensmittel enthalten gleich viel Wasser.	☒	☐
Tierische Produkte enthalten kein Wasser.	☐	☒

Seite 15

3 *Vergleiche deine Antworten mit der Tabelle. Hake ab ✓, wenn du das Kreuz richtig gesetzt und die Spalte „Zeile/Grafik" richtig ausgefüllt hast.*

Aussagen zum Text und zur Grafik	richtig: r falsch: f	Zeile/ Grafik	✓
1.	f	G	
2.	r	G	
3.	r	Z. 4	
4.	f	Z. 7–9	
5.	r	G	
6.	f	Z. 9–11	
7.	f	Z. 12–13	
8.	r	G	
9.	r	Z. 13–16	
10.	r	Z. 17	
11.	r	Z. 20–21	
12.	r	Z. 22	
13.	f	Z. 23–25	
14.	f	Z. 27–28	
15.	f	G	

Auswertung:
12–15 Haken: Super!
7–11 Haken: Das kannst du noch besser. Übe weiter.
0–6 Haken: Übe weiter. Versuche es dann noch einmal.

Seite 16

1 a. *Diese Gründe hast du sicher grün unterstrichen:*
- Wir vermeiden Müll, weil jeder sein eigenes Trinkgefäß mitbringt.
- Wasser ist doch viel gesünder als das süße Limonadenzeug. Man weiß ja, dass zu viel Zucker schlecht für den Körper ist.
- Im Sommer habe ich immer ganz viel Durst. Dann kann ich jederzeit so viel trinken, wie ich will.

Diese Gründe hast du sicher blau unterstrichen:
- Wasser schmeckt mir nicht!
- Manche Schülerinnen und Schüler veranstalten bestimmt Wasserschlachten.
- Der Hausmeister hat mehr Arbeit, denn er muss den Wasserspender auffüllen und reinigen.

Seite 17

1 b. Jede Schule sollte einen Wasserspender haben.

c.
- Ein Wasserspender schont die Umwelt, denn jeder bringt sein Trinkgefäß mit und es werden weniger Dosen, Plastikflaschen und Tetra Paks verbraucht.
- Durch den Wasserspender werden die Schultaschen leichter, weil jeder nur ein leeres Trinkgefäß mitbringen muss.
- Ein Wasserspender in der Schule spart Zeit, denn die Schülerinnen und Schüler müssen in der Pausenicht mehr zum Kiosk laufen.

2
- Ein Wasserspender ist umweltfreundlich, denn jeder bringt sein Trinkgefäß mit und es werden weniger Getränkeverpackungen verbraucht.
- Ein Wasserspender spart Geld, denn Wasser ist billiger als Limonade oder Saft.
- Ein Wasserspender ist gesund für die Schülerinnen und Schüler, denn sie trinken dann weniger zuckerhaltige Getränke.

3 *Diesen Satz könntest du aufgeschrieben haben:*
Ein Wasserspender fördert das Trinken, weil man jederzeit trinken kann und so viel man will.

Seite 18

5 *Diese Stichworte könntest du aufgeschrieben haben:*
zu viel Müll durch Plastikflaschen, zu lange Schlangen am Kiosk, Durst (vor allem im Sommer)

Seite 19

7, **8**, **9** und **10**
So könntest du die E-Mail geschrieben haben:
Lieber Herr Strobel,
es gibt an unserer Schule einige Probleme, denn vor allem im Sommer gibt es vor dem Kiosk immer sehr lange Schlangen, weil sich viele Schülerinnen und Schüler etwas zu trinken kaufen wollen. Gleichzeitig sind die Getränke im Kiosk sehr teuer. Viele Schülerinnen und Schüler bringen dann lieber zuckerhaltige Getränke von zu Hause mit, was schlecht für ihre Gesundheit ist.
Diese Probleme können ganz einfach gelöst werden.
Dazu möchten wir Ihnen diesen Vorschlag machen:
Die Schulleitung könnte in der Aula einen Wasserspender aufstellen.
Es gibt viele Gründe für einen Wasserspender in der Schule: Durch einen Wasserspender würden die Schülerinnen und Schüler Geld sparen, weil Wasser billiger ist als Limonade oder Saft.
Außerdem fördert ein Wasserspender das Trinken, weil man jederzeit trinken kann und so viel man will. Ein Wasserspender ist auch gesund für die Schülerinnen und Schüler, denn sie trinken dann weniger zuckerhaltige Getränke.

Wir hoffen, dass Sie unsere Idee unterstützen.

Mit freundlichen Grüßen
Ihre Schülermitverantwortung

Seite 21

2 b. *So hast du die Materialien und Arbeitsmittel sicher notiert:*
Zeitungspapier, Handschuhe, ein Blumentopf mit passendem Untersetzer, Blumenerde, eine Tonscherbe, eine Schaufel, eine Gießkanne

3 b. *So hast du die Arbeitsschritte sicher notiert:*
- [6] Erde von allen Seiten auffüllen
- [1] Pflanze aus dem Topf lösen
- [8] Pflanze gießen
- [2] lockere Erde vorsichtig von den Wurzeln abklopfen
- [4] niedrige Erdschicht einfüllen
- [3] Loch im Topfboden mit der Tonscherbe abdecken
- [5] Pflanze mit den Wurzeln in die Mitte des Topfes setzen
- [7] Topf ein paarmal auf der Arbeitsfläche aufstoßen

4 *So hast du die Arbeitsschritte sicher aufgeschrieben:*
1: Pflanze aus dem Topf lösen
2: lockere Erde vorsichtig vom Wurzelballen abklopfen
3: Abzugsloch mit der Tonscherbe abdecken
4: niedrige Erdschicht einfüllen
5: Pflanze mit Wurzelballen in die Mitte des Topfes setzen
6: Erde von allen Seiten auffüllen
7: Topf ein paarmal auf der Arbeitsfläche aufstoßen
8: Pflanze angießen

Seite 22

5
- [7] Dadurch werden alle Hohlräume im Topf mit Erde ausgefüllt.
- [5] So können sich die Wurzeln in alle Richtungen gleichmäßig ausbreiten.
- [3] Die frisch eingefüllte Erde rieselt dadurch nicht wieder heraus.

6 *Diese Erklärung könntest du aufgeschrieben haben:*
Die alte Erde muss man vom Wurzelballen vorsichtig abklopfen, da so die Wurzeln nicht beschädigt werden.

8 Eine Zimmerpflanze umtopfen

Seite 23

1, **2** und **3**
So könnte deine Beschreibung aussehen:
Eine Zimmerpflanze umtopfen
Man braucht dazu Zeitungspapier, Handschuhe, einen Blumentopf mit passendem Untersetzer, Blumenerde, eine Tonscherbe, eine Schaufel und eine Gießkanne.
Zuerst löst man die Pflanze aus dem Topf und klopft vorsichtig die lockere Erde von den Wurzeln ab. Anschließend deckt man das Loch im Topfboden mit der Tonscherbe ab, damit die frisch eingefüllte Erde nicht aus dem Topf herausrieselt. Daraufhin füllt man eine niedrige Erdschicht in den Topf. Nun setzt man die Pflanze mit den Wurzeln in die Mitte des Topfes. So können sich die Wurzeln in alle Richtungen gleichmäßig ausbreiten. Jetzt füllt man von allen Seiten Erde auf. Danach stößt man den Topf ein paarmal auf der Arbeitsfläche auf, damit alle Hohlräume im Topf mit Erde ausgefüllt werden. Zum Schluss gießt man die Pflanze an.

Seite 24

2 *Diese Stichworte könntest du aufgeschrieben haben:*
Wann? in der letzten Woche
Wo? im Südpolarmeer
Wer? Mitarbeiter von Greenpeace
Was? Schlauchboote fahren vor Walfängerschiffe
Warum? verhindern, dass die Wale getötet werden
Welche Ergebnisse? auf Aussterben der Wale aufmerksam gemacht

Seite 26

2 **Wann?** (blau): Das ist kein guter Montag.
Hoffentlich geht die Woche besser weiter
Wo? (grün): Der Zwischenfall ereignete sich weit draußen vor der Küste.
Wir wussten, dass hier im Südpolarmeer eine Walfängerflotte unterwegs ist.
Wer? (orange):Wir von Greenpeace wollten die Walfänger mit unseren Schlauchbooten daran hindern, Wale zu jagen.
Die Walfänger haben ihren Kurs einfach nicht geändert.
Was? (lila): Wir von Greenpeace wollten die Walfänger mit unseren Schlauchbooten daran hindern, Wale zu jagen.
Wir fuhren genau auf das Walfangschiff zu.
Die Walfänger haben ihren Kurs einfach nicht geändert.
Es ist zu einem entsetzlichen Zusammenstoß gekommen.
Der Schaden an der Backbordseite ist groß!
Zum Glück konnten wir ohne fremde Hilfe den nächsten Hafen erreichen.
Warum? (braun): Wir fuhren genau auf das Walfangschiff zu.
Die Walfänger haben ihren Kurs einfach nicht geändert.
Welche Folgen? (rot): Der Schaden an der Backbordseite ist groß!

3 **Wann?** Montag
Wo? im Südpolarmeer, weit draußen vor der Küste
Wer? Greenpeace-Schiff und eine Walfängerflotte

4 b.
1: Wir von Greenpeace wollten die Walfänger mit unseren Schlauchbooten daran hindern, Wale zu jagen.
2: Wir fuhren genau auf das Walfangschiff zu.
3: Die Walfänger haben ihren Kurs einfach nicht geändert.
4: Es ist zu einem entsetzlichen Zusammenstoß gekommen.
5: Der Schaden an der Backbordseite ist groß!
6: Zum Glück konnten wir ohne fremde Hilfe den nächsten Hafen erreichen.

c. *Diese Stichworte könntest du aufgeschrieben haben:*
Was? Walfang verhindern, Greenpeace-Schiff fuhr auf Walfangschiff zu, Walfänger haben Kurs nicht geändert, Zusammenstoß, Schaden an Backbordseite, nächsten Hafen erreicht

d. *Diese Stichworte könntest du aufgeschrieben haben:*
Warum? Greenpeace-Schiff fuhr auf Walfangschiff zu, Walfänger haben Kurs nicht geändert

5 b. *Diese Stichworte könntest du aufgeschrieben haben:*
Schaden an Backbordseite des Greenpeace-Schiffes

Seite 27

1, **2** und **3**
So könnte dein Bericht aussehen:
Greenpeace-Schiff stößt mit Walfängern zusammen
Am Montag prallte ein Greenpeace-Schiff mit einem Walfängerschiff zusammen.
Der Zwischenfall ereignete sich im Südpolarmeer.
Die Greenpeace-Aktivisten wollten eine Walfängerflotte daran hindern, Wale zu jagen.
Ihr Plan war, mit ihren schnellen Schlauchbooten immer wieder vor das Schiff der Walfänger zu fahren.
Also nahmen die Aktivisten Kurs auf das Walfängerschiff. Sie fuhren direkt auf die Walfänger zu. Diese änderten jedoch ihren Kurs nicht, sodass die beiden Schiffe zusammenstießen. Obwohl das Greenpeace-Schiff dabei einen großen Schaden an der Backbordseite erlitt, konnten die Aktivisten ohne fremde Hilfe den nächsten Hafen erreichen.

Seite 28

2 *Diese Sätze könntest du aufgeschrieben haben:*
Die Klassen 6 a und 6 b machten gemeinsam eine Klassenfahrt. Die Schüler der Klasse 6 b planten, die Schüler der Klasse 6 a während einer Nachtwanderung zu erschrecken.

3 *Eine dieser Möglichkeiten hast du sicher angekreuzt:*
eines Schülers der 6 a
einer Schülerin der 6 a
der ganzen Klasse 6 a

Seite 32

1 **c.** *So könnten deine überarbeiteten Sätze aussehen:*
Die 6 a schlich den dunklen Waldweg entlang. Dieser Pfad war so schmal, dass alle hintereinander marschieren mussten. An der dunkelsten Stelle liefen die meisten sehr vorsichtig. Nur gut, denn da lag ein sperriger Ast im Weg. Tim aber raste auf das Hindernis zu und fiel auf die Nase.

2 **c.** *So könnten deine überarbeiteten Sätze aussehen:*
Die Jungen der 6 b versteckten sich aufgeregt hinter den Bäumen. Kaum waren die ersten Schüler der 6 a in Sicht, gaben sie sich gegenseitig unauffällige Zeichen. Der Überfall sollte eine große Überraschung sein. Endlich war der richtige Zeitpunkt gekommen, um die Klasse zu erschrecken.

Seite 35

3 Wer ist die Hauptfigur? Anna
Wo befindet sie sich? auf einer Baustelle
Mit wem ist sie dort? mit Hannes, Ulli und Ulla
Was soll die Hauptfigur tun? in Grube springen

4 Was wünscht sich Anne? will nicht in Grube springen

Seite 36

5 Wie fühlt sich Anne? Was sagt sie? traut sich nicht, hat Angst, „Nein, ich mag nicht."
Wie wird Anne daraufhin von Ulli, Ulla und Hannes behandelt? wird gehänselt

5 Warum kommt Anne zur Baugrube zurück?
weil Kinder in Baugrube gefangen sind und ihre Hilfe brauchen

6 Wie reagiert Anne, als sie die anderen Kinder in ihrer schwierigen Lage sieht? lacht sie aus

7 Was tut Anne am Schluss? hilft den Kindern aus der Grube, indem sie Leiter holt
Wie reagieren die anderen Kinder darauf?
sind dankbar und anerkennend

Seite 37

1 *Diese Antwort hast du sicher angekreuzt:*
Er-/Sie-Erzähler

2 **a.** *Diese Verbformen hast du sicher markiert:*
schätzt, kann ... runterspringen, ruft, schaut ... an, gemacht hat, sagt, pass ... auf, hält ... fest, wachsen, rutscht ... hinunter, hängt, sind, lässt los, springt

b. *Diese Antwort hast du sicher angekreuzt:*
Präsens (Gegenwart)

c. *Diese Aussage hast du sicher angekreuzt:*
Das Präsens erzeugt ein Gefühl der Nähe.
Man denkt, direkt bei dem Geschehen dabei zu sein.

4 **a.** *Diese Adjektive hast du sicher unterstrichen:*
entsetzt, großspurig, dicken, vorsichtig, ausgestreckten

b. *Diesen Satz könntest du aufgeschrieben haben:*
Durch die Adjektive wirkt der Text lebendig, weil der Leser erfährt, wie sich die Figuren fühlen und verhalten.

Seite 40

2 **a.** *Diese Reimwörter hast du sicher jeweils in der gleichen Farbe markiert:*
Heide – Getreide, Ring – Schmetterling,
Schafe – Schlafe, Binsenkraut – Tigerhaut,
Wasserfluten – Ruten, Zelt – Heidewelt

b. *In dieser Reihenfolge hast du die Begriffe sicher von oben nach unten auf die Linien geschrieben:*
Strophe, Verse, Reim

3 „Heidebilder" ist ein Gedicht, weil es aus mehreren Strophen mit Versen besteht. Die Verse sind durch Reime miteinander verbunden.

Seite 41

5 **a.** *Diese Reimwörter hast du sicher jeweils in der gleichen Farbe markiert:*
Wiese – Liese, überall – Überfall, bringen – ringen, mein – sein

b. *Diese Stichworte könntest du aufgeschrieben haben:*
zwei Strophen, je vier Verse

6 *Diese Antwort hast du sicher angekreuzt:*
Lieses Wäsche

8 **b. und c.**
Gibt es der Sausewind endlich verloren,
schlägt er noch im Übermut
ihr das nasse Zeug um die Ohren:
Da, liebe Liese, häng's auf und sei gut.

Seite 42

1 **b.** *Die Reimwörter hast du sicher in dieser Reihenfolge eingesetzt:*
Vogelnest, aufzuprallen
kann, gelungen

2 **b.** *Diesen Satz könntest du aufgeschrieben haben:*
Das Gedicht handelt von einem Drachen, den ein Kind steigen lässt.

3 **a.** *Diese Reimwörter hast du sicher jeweils in der gleichen Farbe markiert:*
Wind – geschwind, Welt – hält
taumle – baumle, Bäumen – träumen
fest – Vogelnest, Fallen – aufzuprallen
an – kann, aufgesprungen – gelungen

b. Die Reimform der 1. Strophe ist der *umarmende Reim.*
Die Reimform der 2. Strophe ist der *Paarreim.*
Die Reimform der 3. Strophe ist der *Kreuzreim.*
Die Reimform der 4. Strophe ist der *Kreuzreim.*

Seite 43

2 Ein dickes Hagelkorn kommt durchs Fenster auf den Tisch geflogen. *1. Strophe*
Die Sonne trocknet das Wasser des geschmolzenen Hagelkorns. *3. Strophe*
Das Hagelkorn schmilzt auf dem Tisch schnell. *2. Strophe*

3 Der Dichter vergleicht das Hagelkorn mit einem Fisch. Es gleitet ihm aus der Hand wie ein nasser Fisch.

4 *Diese Antwort hast du sicher angekreuzt:*
Der Dichter vergleicht das Wasser des geschmolzenen Hagelkorns auf dem Holztisch mit blitzendem Gold.

Seite 44

1 **b.**
Sommer sammeln Himmel
verstummen Blitze zucken dicken
Augenblicke Grollen Donners

2 **b.**
Es soll bald regnen. → sollen
Die Straße ist nass. → nasser
Der Fluss tritt über die Ufer. → Flüsse

3 Der Bauer mä*h*t die Bergwiese. → mähen
Ein Unwetter zie*h*t auf. → aufziehen
Schnell ge*h*t er zur Schutzhütte. → gehen

Seite 45

1 der Samsta*g* – die Samstage – der Samstag
der Win*d* – die Winde – der Wind
das Fel*d* – die Felder – das Feld
der Kor*b* – die Körbe – der Korb

2 Das Gewitter fan*d* am Freitag statt. stattfinden, es fand statt
Beim Donner be*b*t die Erde. beben, sie bebt
Der Sturm verbie*g*t den Ast. verbiegen, er verbiegt
Der Nebel stei*g*t aus der Wiese. steigen, er steigt

3 gel*b* – das gelbe Blatt
run*d* – der runde Mond
klu*g* – der kluge Junge
gesun*d* – das gesunde Obst

Seite 46

2

Wort mit ä/äu	verwandtes Wort mit a/au
die Gärten	der Garten
täglich	der Tag
fährt	fahren
fällt	fallen
das Päckchen	das Paket
kräftige	die Kraft

3 bauen – das Gebäude
das Haus – die Häuser
tragen – er trägt
die Angst – die Ängste

Seite 47

1 versuchen, versprechen, verdrehen, verlaufen
entlaufen, entnehmen, entkommen, entwickeln
ertasten, erleben, erfahren, erzählen

3 **b.** Heute ist eine spannende *Ver*anstaltung geplant. Die Klassen 6a, 6b und 6c spielen gegeneinander Fußball. Gerade *ver*sammeln sich alle. Bis gestern *er*warteten wir, dass die Klasse 6a gewinnt. Doch nun ist ihr bester Spieler Paulo *ver*letzt und hat keine *Er*laubnis zum Spielen *er*halten.
Die *Ent*täuschung ist groß.

4 Der Name des neuen Spielers wird noch nicht verraten. *verraten*
Ich will meinen Trainer beim Fußballspiel nicht enttäuschen. *enttäuschen*
Die Salbe lässt sich gut auf der verletzten Haut verreiben. *verreiben*

Seite 48

1 ess(en) – essbar
der Friede – friedlich
ruh(en) – ruhig
das Herz – herzlich
bezahl(en) – bezahlbar
das Glück – glücklich
geduld(en) – geduldig
das Kind – kindlich

2 leb(en) – lebhaft
die Gewalt – gewaltsam
bieg(en) – biegsam
bedeut(en) – bedeutsam
das Beispiel – beispielhaft
der Ekel – ekelhaft

4 reich – der Reichtum
tapfer – die Tapferkeit
erleben – das Erlebnis
krank – die Krankheit
schön – die Schönheit
wissen – die Wissenschaft
vorbereiten – die Vorbereitung
ergeben – da Ergebnis

5 Die *Vorbereitung* des Fußballturniers übernehmen die Sportlehrer.
Die ganze Schule freut sich schon auf dieses *Erlebnis*.
Leider können einige Schüler wegen *Krankheit* nicht mitmachen.
Am Schluss lautet das *Ergebnis* 1 : 2 für die Klasse 6 b.

Seite 49

2

Nomen mit Artikel	Tipps
der Ausflug	Tipp 2
Marie	Tipp 1
die Klasse	Tipp 4
die Übernachtung	Tipp 5
die Wanderung	Tipp 5
die Lagerstelle	Tipp 2
das Feuerholz	Tipp 3
das Zelt	Tipp 3

Seite 50

4 am Spätnachmittag, am Wegrand, zum Beispiel, am Baumstamm, zum Schluss, am Waldrand, beim Lagerplatz

6 alle Schüler, zahlreiche Blasen, ein paar Pflaster, viele Stöcke

Seite 51

8 beim Wandern, das Spazierengehen, das Tragen, zum Wandern

9 **a.** etwas Gutes, etwas Spannendes, etwas Wichtiges, nichts Gutes, nichts Spannendes, nichts Wichtiges, alles Gute, alles Spannende, alles Wichtige

10 Nachts kamen ein heftiger Sturm und starker Regen auf. Rasch krochen die Begleiter aus ihren Schlafsäcken. Sie wollten prüfen, ob die Zeltpfosten hielten. Zum Glück konnten sie nichts Gefährliches entdecken. Die Zeltpfosten steckten tief im Erdboden. Beim Aufwachen am Morgen schien die strahlende Sonne wieder vom Himmel. Bald sammelten Marie und ihre Klassenkameraden ihre Sachen ein. Nun konnte die Wanderung ohne ein Hindernis weitergehen.

Seite 52

2 Sie wollten mit ihm zusammen sein, weil er ihr Freund war.

3 allein sein, dabei sein, vorbei sein, zufrieden sein, zusammen sein, lustig sein, gut sein

4 Burak möchte nachmittags nicht gern allein sein.
Burak sagt: „Ich werde um 15 Uhr da sein."
Burak möchte mit seinen Freunden zusammen sein.

Seite 53

5 Wie schade, dass dein Training schon *vorbei ist*!
Ich möchte nicht, dass du deswegen *traurig bist*.
Beim nächsten Mal passe ich auf, dass ich pünktlich *da bin*.
Es ist am schönsten, wenn alle Freunde *zusammen sind*.

6 David sagt: „Ich bin in fünfzig Minuten mit den Hausaufgaben fertig."
Burak und Leo antworten: „Wir sind dann leider schon weg."
David sagt: „Ich bin später beim Fußballtraining dabei."
Burak und Leo antworten: „Wir sind ab 16:00 Uhr dort."

7 Zufrieden kann der Trainer mit dem Spielstand nicht sein.
Gut möchte Burak heute trotz seiner Verletzung sein.
Vorbei wird das Spiel noch vor dem Unwetter sein.

Seite 54

1 die Straße – die Straßen, der Spaß – die Späße, das Gefäß – die Gefäße, das Floß – die Flöße, der Stoß – die Stöße

Seite 55

1 **a.** die Ohren, mehr, der Fehler, sehr, gefährlich, die Fahrräder, die Fahrt, zehn

2 -nehm-: nehmen, die Festnahme, benehmen, der Abnehmer
-lohn-: der Lohn, belohnen, die Lohnsteuer, gelohnt
-fehl-: der Fehlgriff, fehlen, verfehlen, der Befehl

Seite 56

2 Lilo

3

zusammengesetztes Nomen	erstes Nomen	zweites Nomen
der Flughafen	der Flug → die Flüge	der Hafen
der Strandurlaub	der Strand → die Strände	der Urlaub
die Abendstimmung	der Abend → die Abende	die Stimmung

Seite 57

4

zusammengesetztes Nomen	Plural	richtige Schreibweise
der Berggipfel	die Berge	der Berggipfel
der Feldhase	die Felder	der Feldhase
das Zwergkaninchen	die Zwerge	das Zwergkaninchen
der Grabstein	die Gräber	der Grabstein

5 „Lilo, | du musst dich | hier benehmen!“, | schimpft Tina. |
„Schön, | dass du mitgefahren bist“, | sagt Franzi. |
„Wenn du | mir helfen willst, | kannst du mir | ein Gepäckstück abnehmen“, | fügt sie noch hinzu. |

6 „Bei meiner Arbeit lerne ich jeden Tag nette Menschen aus vielen Ländern kennen“, sagt ein Mitarbeiter des Flughafens.
Ein Fluggast fragt: „Bekommen wir während des Fluges etwas zu essen?“

7 „Als Pilot muss ich immer konzentriert sein“, erklärt der Flugzeugpilot.
„Ich versorge die Fluggäste mit Essen und Getränken“, sagt die Flugbegleiterin.
Tina fragt Franzi: „Hattest du keine Angst, allein zu fliegen?“

Seite 58

2 *Diesen Satz könntest du aufgeschrieben haben:*
Am Ende der ersten Aufgabe riss die Kette.

3 hatten, immer, Klasse, mittags, komplette, fassen,

Kette, klettern, loslassen, Schluss → die Schlüsse,

Kette, Riss → die Risse, glatten, Matte,

nachmittags, besser

Seite 59

4 Auf-ga-be, Rei-fen, aber, Het-ze, är-ger-te

5 Wir bekamen abends sogar eine Urkunde, weil wir ein gutes Team waren.

6 Der Teamtag hat gezeigt, dass wir eine starke Mannschaft sind.
Obwohl die Kette bei der ersten Aufgabe riss, bekamen wir eine Urkunde.
Während Pia eine Pause machen durfte, gingen wir anderen zur nächsten Aufgabe.

Seite 60

2 *Diese Lösung hast du sicher angekreuzt:*
um Mitternacht

3 das Keuchen, beim Laufen, zum Festnehmen

4 *Diese Wortgruppen könntest du aufgeschrieben haben:*
beim Lesen, das Stricken, beim Essen, das Trinken, zum Schlafen, das Spielen

Seite 61

6 nichts Verdächtiges, etwas Metallisches, nichts Auffälliges

7 *Diese Wortgruppen könntest du aufgeschrieben haben:*
nichts Neues, etwas Interessantes, etwas Altes, alles Gute, etwas Wichtiges, etwas Spannendes

9 Der überführte Verbrecher, die atemlosen Polizisten und die geschickten Spürhunde verließen das Haus.

10 Mein Hund spielt mit bunten Bällen, großen Stöcken und meinen alten Schuhen.
In meiner Schultasche sind linierte Hefte, schwere Bücher, viele Stifte und meine blaue Brotdose.

Seite 62

2 *Diesen Satz könntest du aufgeschrieben haben:*
Herr Lehner ist der Besitzer des Reiterhofes.

3 sie genoss → genießen

es fraß → fressen

es schmiss → schmeißen

4

Infinitiv (Grundform)	Präsens (Gegenwart)	Präteritum (1. Vergangenheit)	Perfekt (2. Vergangenheit)
beißen	er beißt	er biss	er hat gebissen
fließen	es fließt	es floss	es ist geflossen
vergessen	sie vergisst	sie vergaß	sie hat vergessen

Seite 63

5 „Herr Lehner, warum reiten Sie nie aus?", fragte sie ihn.
„Erzählen Sie mir Ihre Geschichte", bettelte Anna.

6 „Haben *Sie* sich von *Ihren* Verletzungen erholt?", fragte Anna.
„Leider nicht vollständig", antwortete Herr Lehner.
„Haben *Sie* darüber nachgedacht, *Ihr* Pferd zu verkaufen?", wollte Anna wissen.
„Niemals", meinte Herr Lehner, „schließlich konnte mein Pferd nichts dafür."

7 Sie genoss ihren Urlaub, denn sie war jeden Tag bei den Pferden.
„Ich liebe Pferde immer noch, aber ich reite nicht mehr aus."

8 Anna war schon eine Woche auf dem Reiterhof, aber sie wollte noch nicht nach Hause zurück.
Ihre Gastfamilie war sehr nett, aber am liebsten war Anna bei den Pferden.
Sie verbrachte fast den ganzen Tag bei Lilo, denn Lilo war ihr Lieblingspferd.

Seite 64

1 *So hast du die Sätze sicher ergänzt:*
Viele Wörter schreiben wir so, wie wir sie sprechen und hören. Diese Wörter sind *Mitsprechwörter*.
Bei manchen Wörtern hörst du nicht, wie du sie schreiben musst. Rechtschreibhilfen helfen dir, diese *Nachdenkwörter* richtig zu schreiben.
Merkwörter sind Wörter, deren Schreibweise du nicht durch Strategien oder Regeln herleiten kannst.

3 sah (Gliedern); mitten (Gliedern); aufregend (Verlängern); näher (Ableiten); schnell (Verlängern, Gliedern); ängstliches (Ableiten); stehen (Gliedern); wartete (Gliedern); Äpfel (Ableiten); entwischte (Vorsilbe); Öffnung (Gliedern); Versteck (Vorsilbe)

Seite 65

4 und **5** *Diese Nomen hast du sicher unterstrichen und aufgeschrieben:*
- Nomen mit Artikel: der Igel
- Nomen mit Präposition: beim Gartenhaus, im Frühjahr
- Nomen mit Pronomen: meine Schwester, seinem Versteck
- Nomen mit **-schaft** oder **-ung**: Freundschaft, Erwartung
- Nomen mit Zahlwort: einige Monate, viele Gedanken, etwas Schlimmes
- Verb, das zu einem Nomen geworden ist: das Warten
- Adjektiv, das zu einem Nomen geworden ist: etwas Schlimmes

6 und **7**
Im nächsten Frühjahr fragte ich meine Schwester: „Ob der Igel wohl wiederkommt?" Weil wir sehr gespannt waren, schlichen wir in den Garten.
Wir suchten lange. „Vielleicht hat er ein schöneres Zuhause gefunden?", sagte ich.
Meine Schwester überlegte: „Wenn der Igel wieder hier wohnt, versteckt er sich wirklich gut."

8 Wenn es für den Igel gefährlich wird, rollt er sich zu einer Kugel zusammen.
Im Winter sind Igel nicht zu sehen, weil sie einen Winterschlaf machen.
Man sollte sich merken, dass man Igeln keine Milch geben darf.

Auswertung „Teste dich!":
45–60 Punkte: Super!
30–44 Punkte: Das kannst du noch besser. Lies noch einmal die Merkkästen.
0–29 Punkte: Übe weiter. Versuche es dann noch einmal.

Seite 66

1 c.
Diese Wörter hast du sicher so zugeordnet:
Nomen: Sport, Kiras, Sportart, Turnen, Nick, Handbike, Luisa, Toni, Bruder, Fußball, Wiese, Winter, Ski, Snowboard, Elif, Freundin, Schlittschuhlaufen, Eishalle, Kleidung
Artikel: das, einer, die
Pronomen: Wir, sein, sie, seinem, ihrer
Verben: machen, ist, nutzt, schwimmen, kann, spielt, fahren, geht, frieren, ziehen ... an
Adjektive: liebste, neues, glücklich, großen, alte, warme
Präpositionen: mit, im, zum, in

2 *Diese Wortart könntest du ergänzt haben:*
Konjunktion: und, weil, damit

Seite 67

2

bestimmter Artikel der, das, die + Nomen	unbestimmter Artikel ein, ein, eine + Nomen	Plural die
die Sportart das Kloster der Mönch die Grundlage der Säbel das Feuer der Stock	eine Sportart ein Kloster ein Mönch eine Grundlage ein Säbel ein Feuer ein Stock	die Sportarten die Klöster die Mönche die Grundlagen die Säbel die Feuer die Stöcke

3 *Diese Nomen hast du sicher markiert und aufgeschrieben:*
gelb markierte Nomen (der): der Sport, der Kampf, der Speer
grün markierte Nomen (das): das Kung-Fu, das Metall, das Schwert, das Wasser, das Feuer, das Holz
rot markierte Nomen (die): die Idee, die Gymnastik, die Atemtechnik, die Konzentration, die Gesundheit, die Verbindung, die Rolle, die Faust, die Erde
grau markierte Nomen (Plural): die Jahre, die Elemente

Seite 68

2 a. *Diese Nomen hast du sicher unterstrichen:*
das Snowboard, dem Snowboard, des Snowboards, das Snowboard

b. und c.
Was ist Lias Lieblingssportgerät?
Das Snowboard ist Lias Lieblingssportgerät.
Wessen Pflege ist Lia sehr wichtig?
Lia ist die Pflege des Snowboards sehr wichtig.
Wem hat Lia einen Namen gegeben?
Lia hat dem Snowboard einen Namen gegeben.
Was trägt Lia in den Keller?
Lia trägt das Snowboard in den Keller.

3 Was hat Lia dem Snowboard gegeben?
einen Namen (Akkusativ)
Wer oder was ist Lia sehr wichtig?
die Pflege des Snowboards (Nominativ)
Wem widmet Lia viel Zeit? ihrem Hobby (Dativ)
Was widmet Lia ihrem Hobby? viel Zeit (Akkusativ)

Seite 69

4 Paul bewundert *den Fußball* von Max.
Fall: *Akkusativ*
Die Farbe *des Trikots* ist türkis.
Fall: *Genitiv*
Der Schiedsrichter zeigt *dem Stürmer* die rote Karte.
Fall: *Dativ*
Darüber ist *das Publikum* wütend.
Fall: *Nominativ*
Der Elfmeter *der Spielerin* wird gehalten.
Fall: *Genitiv*
Die gefährliche Situation erkennt *der Torwart* nicht.
Fall: *Nominativ*

5 Gabriel (Nominativ) folgt der Anweisung (Dativ) des Trainers (Genitiv).
Theresa (Nominativ) winkt ihrem Bruder (Dativ).
Das Publikum (Nominativ) klatscht dem Torschützen (Dativ) Beifall (Akkusativ).

Seite 70

1 der Schmerz – die Schmerzen
der Arm – die Arme
die Tante – die Tanten
der Daumen – die Daumen

2 Auf dem Schulhof toben die die *Jungen*.
Sandro und Erdal fallen hin.
Sandro sagt: „Aua, mir tun die *Beine* weh!"
Erdal ruft: „Und mir tut die linke Hand weh! Hoffentlich sind *die Finger* nicht gebrochen."
Schnell ruft die Lehrerin *die Schwestern* von Sandro und Erdal.

3 **Plural mit -e:**
das Bein – *die Beine*
der Arm – *die Arme*

Plural mit -en:
der Schmerz – *die Schmerzen*
das Ohr – *die Ohren*

Plural mit -n:
die Schwester – *die Schwestern*
der Junge – *die Jungen*

Plural bleibt gleich:
der Daumen – *die Daumen*
der Finger – *die Finger*

4 Die Mütter von Sandro und Erdal kommen in die Schule.
Sie wollen die Kinder zu ihren Ärzten bringen.
Die Jungen lassen die Köpfe hängen.
Zum Abschied reichen sich die beiden die Hände.

Seite 71

1 b. *Diese Unterschiede hast du bei Janne sicher eingekreist:*
rote Haarspange, lange Sporthose, rotes T-Shirt mit gelbem Fragezeichen, grüne Sporttasche, blauer Trageriemen

3 a. *Diese Wortgruppen hast du sicher markiert:*
ein schmales Gesicht; eine schwarze Brille; eine kurze Sporthose; roten T-Shirt, orangefarbenes Ausrufezeichen; blaue Sporttasche

b. *Diesen Namen hast du sicher notiert:*
Jule

4 *Diese Sätze könntest du aufgeschrieben haben:*
Die Person hat ein schmales Gesicht. Auf der Nase hat sie eine schwarze Brille. Sie trägt eine lange Sporthose. Auf ihrem roten T-Shirt ist ein gelbes Fragezeichen. Neben ihr steht eine grüne Sporttasche.

5 Jule und Janne haben *blondes* Haar.
Sie tragen *dunkelblaue* Schuhe.
Auf der Nase haben beide eine *ovale* Brille.
Ihre Sporttaschen sind *länglich*.

Seite 72

1 Jule und Janne sind *größer als* Anne.
Der Trainer ist *am größten*.
Anne ist *kleiner als* Jule, Janne und der Trainer.
Anne ist *am kleinsten*.

2

Grundform	Komparativ	Superlativ
lang	länger	am längsten
klug	klüger	am klügsten
kurz	kürzer	am kürzesten

3 *Diese Sätze könntest du aufgeschrieben haben:*
Janne springt hoch. Jule springt höher. Anne springt am höchsten.
Janne springt weit. Jule springt weiter. Anne springt am weitesten.
Janne läuft schnell. Jule läuft schneller. Anne läuft am schnellsten.
Janne ist gut. Jule ist besser. Anne ist am besten.

● **4** *Diese Sätze könntest du aufgeschrieben haben:*
Jule springt höher als Janne, aber Anne springt am höchsten.
Jule springt weiter als Janne, aber Anne springt am weitesten.
Jule läuft schneller als Janne, aber Anne läuft am schnellsten.
Jule ist besser als Janne, aber Anne ist am besten.

Seite 73

2 und ● **3**

	der	das	die
Nominativ	der perfekte Tag	das warme Brot	die gefüllte Paprika
Genitiv	des guten Spielers	des schnellen Spiels	der netten Torfrau
Dativ	dem perfekten Tag	dem neuen Mitglied	der kleinen Schwester
Akkusativ	den roten Ball	das leckere Essen	die nasse Jacke

Seite 74

2 a. *So hast du sicher nach den hervorgehobenen Nomen gefragt:*
Wer hat den Handball?
Wessen Bein schmerzt?
Wen möchte der Trainer auswechseln?
Wem geht es auf der Bank wieder besser?

b. Nominativ: die Spielmacherin
Genitiv: der Spielmacherin
Dativ: der Spielmacherin
Akkusativ: die Spielmacherin

3 In Sätzen erscheinen Nomen immer in einem bestimmten Fall. Im Deutschen gibt es *vier* Fälle. Sie heißen *Nominativ*, *Genitiv*, *Dativ* und *Akkusativ*. Der *Artikel* und die Endung des Nomens richten sich nach dem *Fall*.

4 b. *So hast du die Wortgruppen sicher aufgeschrieben:*
der grüne Ball — das große Tor
die braune Bank — die silberne Pfeife

c. *Zwei der Wortgruppen hast du sicher so aufgeschrieben:*

der grüne Ball — das große Tor
des grünen Balls — des großen Tors
dem grünen Ball — dem großen Tor
den grünen Ball — das große Tor

die braune Bank — die silberne Pfeife
der braunen Bank — der silbernen Pfeife
der braunen Bank — der silbernen Pfeife
die braune Bank — die silberne Pfeife

Auswertung „Teste dich!":
18–23 Punkte: Super!
12–17 Punkte: Das kannst du noch besser. Lies noch einmal die Merkkästen.
0–11 Punkte: Übe weiter. Versuche es dann noch einmal.

Seite 75

2 *Diese Verbformen hast du sicher unterstrichen und aufgeschrieben:*
habe ich geteilt, haben wir gesehen, sind wir gerannt, ist es geworden, haben wir geliefert

● **3** teilen, sehen, rennen, werden, liefern

4 b. „Wir *haben* eine Fischaufzucht in Hagnau *besucht*.
Ein Mitarbeiter *hat* uns in die Fischbruthalle *geführt*.
Dort *hat* es riesige Rundbecken *gegeben*.
Darin *sind* frisch geschlüpfte Felchen *geschwommen*."

● **5** *Diese Sätze könntest du aufgeschrieben haben:*
Am nächsten Tag sind wir mit dem Boot gefahren.
Am Abend habe ich das Museum besucht.
Am Freitag haben sie den Hafen besichtigt.

Seite 76

2 *Diese Verbformen hast du sicher unterstrichen und so aufgeschrieben:*
wir unternahmen → unternehmen
wir starteten → starten
wir rannten → rennen
wir konnten → können
es wartete → warten
wir trafen → treffen
sie besprachen → besprechen
wir freuten uns → sich freuen

3 **b.** Am nächsten Tag *wanderten* wir zu der Burg.
Am dritten Tag *fuhren* wir mit dem Schiff über den Bodensee.
Auch das Pfahlbautenmuseum *besuchten* wir.
Dort *erfuhren* wir viel über die Steinzeit.

Seite 77

2 hatte eingeladen, war aufgefallen

3 **b.** Tim *hatte vergessen*, seinen Rucksack zu packen.
Jonas *hatte* ihn darauf *hingewiesen*.
Daraufhin *war* Tim schnell in sein Zimmer *gelaufen*.
Aber jemand *hatte* den Rucksack *versteckt*.
Tims Freunde *hatten* ihn hektisch *gesucht*.
Herr Müller *hatte* ihnen beim Suchen *geholfen*.
Endlich *war* der Rucksack *aufgetaucht*.
Nachdem der Busfahrer auch Tims Gepäck *eingeladen hatte*, konnten wir endlich losfahren.

Seite 78

2 *Diese Verbformen hast du sicher unterstrichen und aufgeschrieben:*
ich werde fahren, ein Bus wird uns abholen,
er wird bringen, ich werde anrufen,
wir werden unternehmen, wir werden besuchen,
er wird gefallen, wir werden wiederkommen

3 **b.** „Wir *werden* zu den anderen ins Zimmer *schleichen*.
Dabei *werden* wir uns Lampen unters Kinn *halten*.
Die anderen *werden* große Angst *bekommen*!
Wirst du deine Draculamaske *mitnehmen*?
Falls nicht, *werden* wir uns mit den Bettlaken *verkleiden*.
Unsere Lehrer *werden* davon nichts *erfahren*.
Das *wird* ein Spaß *werden*!“

Seite 79

1 **b. und c.** *So hast du die Sätze sicher zugeordnet und die Passivform markiert:*
Bild links: Elisa packt den Koffer.
Bild rechts: Der Koffer wird gepackt.

3 *So hast du die Verbformen im Passiv sicher markiert:*
Zuerst wird der Koffer vom Schrank geholt.
Dann werden die Funktionen des Koffers überprüft.
Ist der Koffer in Ordnung, werden alle Sachen bereitgelegt.

4 **b.** Die Schuhe *werden* in eine Tüte *gepackt*.
Dann *wird* die Kleidung sorgfältig in den Koffer *gestapelt*.
Das Waschzeug *wird* in den Kulturbeutel *eingeräumt*.
Der Kulturbeutel *wird* im Koffer an einer geeigneten Stelle *platziert*.
Anschließend *wird* der Koffer *zugemacht*.

5 *Diese Sätze könntest du so aufgeschrieben haben:*
Die Tischtennisschläger werden in den Koffer gesteckt.
Die Getränkeflasche wird in die Tasche gelegt.
Das Buch wird in den Rucksack getan.
Die Getränkeflasche wird in den Rucksack gesteckt.
Das Buch wird in die Tasche gelegt.

Seite 80

2 sie sagt: sie fragt, sie erzählt, sie schimpft, sie antwortet, sie erklärt, sie verspricht

3 Tessa *erklärt* Aylin den Versuch.
Aylin *verspricht*, Tessa zu helfen.
Martin *schimpft* mit seinem Hund, weil er nicht gehorcht.
Tessa *erzählt* Martin von einer Sendung über Hunde.
Martin *fragt* in der Bibliothek nach einem Buch über Hunde.
Martin schickt Tessa eine SMS, aber sie *antwortet* nicht sofort.

4 etwas leise sagen: flüstern, tuscheln, murmeln
etwas laut sagen: kreischen, rufen, schreien

5 *Du hast den Text sicher so überarbeitet:*
Das Konzert
Tessa und Aylin sind bei einem Konzert. Tessa sucht Aylin. Aylin ~~sagt~~ *ruft*: „Tessa, ich bin hier!“, doch Tessa hört sie nicht. Aylin ~~sagt laut~~ *schreit*: „Tessa, ich bin hier!“
Als der Sänger die Bühne betritt, ~~sagen~~ *kreischen* die Fans seinen Namen. Der Sänger nimmt das Mikrofon und sofort wird es ruhig im Saal. Tessa ~~sagt~~ *flüstert*: „Vielleicht singt er jetzt mein Lieblingslied.“

Seite 81

1 **b. bis d.**

Herr Streif baut den Tisch auf.	aufbauen
Lena packt die Lichterkette aus.	auspacken
Frau Hahn gießt den Saft ein.	eingießen
Paul schaut beim Grillen zu.	zuschauen

2 **b. und c.**
Der Junge beugt sich zu den Ameisen hinunter.

Das Mädchen klettert auf den Baum hinauf.

Der Mann holt die Federballschläger heraus.

Die Mädchen laufen dem Ball hinterher.

Seite 82

1 b. Präteritum, Perfekt
Der Ball lag hinter einem Baum.
Fredi rief: „Ich habe den Ball gefunden!"
Lena nahm sich einen Becher mit Saft.
„Ich habe lange nichts getrunken."

2

Infinitiv	Präteritum	Perfekt
liegen	*er lag*	er hat gelegen
rufen	*er rief*	er hat gerufen
finden	ich fand	*ich habe gefunden*
nehmen	*sie nahm*	sie hat genommen
trinken	ich trank	*ich habe getrunken*

3 Leas Wurfspiel lag auf dem Getränketisch.
Die Kinder riefen nach Herrn Streif.
Fredi und Pia nahmen das Federballspiel.
Alle tranken ihre Saftbecher leer.

4 a. Paul hat den Ball ganz weit geworfen.
Frau Hahn hat den Ball gefunden.
Lisa ist von einem hohen Ast gesprungen.
Dann hat sie die letzte Wurst gegessen.

b. bis d.

Infinitiv	Präteritum	Perfekt
werfen	er warf	er hat geworfen
finden	sie fand	sie hat gefunden
springen	sie sprang	sie ist gesprungen
essen	sie aß	sie hat gegessen

Seite 83

1 **b. und c.**
Am 13. Juni fuhren wir mit dem Bus nach Nürnberg. (*Präteritum*) Die Fahrt dauerte lange, (*Präteritum*) aber wir wollten unbedingt in eine größere Stadt. (*Präteritum*) Vorher haben wir lange über das Ziel diskutiert. (*Perfekt*) Frau Meyer hatte verschiedene Vorschläge gemacht. (*Plusquamperfekt*) Die Abstimmung war aber einstimmig ausgegangen. (*Plusquamperfekt*) Im nächsten Jahr werden wir ins Allgäu fahren. (*Futur*) Dort werden wir uns dann eine Käserei ansehen. (*Futur*)

2 Perfekt: Vor der Klassenfahrt haben wir die Ausflüge besprochen. Die Klassensprecher haben Frau Meyer bei der Organisation geholfen.
Präteritum: Vor der Klassenfahrt besprachen wir die Ausflüge. Die Klassensprecher halfen Frau Meyer bei der Organisation.
Plusquamperfekt: Vor der Klassenfahrt hatten wir die Ausflüge besprochen. Die Klassensprecher hatten Frau Meyer bei der Organisation geholfen.
Futur: Vor der Klassenfahrt werden wir die Ausflüge besprechen. Die Klassensprecher werden Frau Meyer bei der Organisation helfen.

Auswertung „Teste dich!":
25–32 Punkte: Super!
17–24 Punkte: Das kannst du noch besser. Lies noch einmal die Merkkästen.
0–16 Punkte: Übe weiter. Versuche es dann noch einmal.

Seite 84

1 Niklas trainiert mit dem Springseil.
Jana spielt mit dem Ball.
Merle übt mit der Kugel.

2 **b. und c.**
Alle Kinder trainieren *seit dem Morgen*.
Das Ballspiel kennt Zane *aus einer Sportstunde*.
Niklas verletzt sich *bei einer Übung*.
Max träumt *von einem Erfolg*.

3 Milava erholt sich *von dem Lauf*.
Der Trainer belohnt die Kinder *mit einem Getränk*.
Merle trainiert *seit ihrem sechsten Lebensjahr*.
Jana bedankt sich *bei ihrem Verein*.

Seite 85

5 **b. und c.**
Arne kümmert sich um den Imbiss.
Die Verpflegung gibt es durch eine Spende.
Ein Mädchen bedankt sich für ein Getränk.
Vier Jungen laufen um die Wette.
Mia kommt ohne das Staffelholz ins Ziel.
Die Lehrer loben die Sportler für die guten Leistungen.

6 **b. und c.**
Die Schüler kämpften ohne *die Unterstützung* der Eltern.
Leider verletzte Gustav sich durch *einen Unfall*.
Die Sanitäter kümmerten sich um *den Verletzten*.
Gustav bedankte sich für *die Hilfe*.

7 Alle verbesserten ihre Leistungen *durch das Training*.
Die Klasse 6 a bekam die Urkunde *für ihren Sieg*.
Der Sportlehrer sorgt sich *um seine Schüler*.
Der Erfolg wäre *ohne den Einsatz* aller Beteiligten ausgeblieben.

Seite 86

1 **b.** Wer fährt morgens zusammen mit dem Bus zur Schule? Julia und Pia
Wer wartet an der Bushaltestelle? Sie
Was kommt meistens pünktlich? der Schulbus
Wer sitzt oft in der letzten Reihe? die Freundinnen
Wer übt während der Fahrt Vokabeln? viele Kinder

c. siehe unten bei **2** **b.**

2 **a.** Was tun Julia und Pia morgens zusammen?
Sie fahren.
Was tun Julia und Pia an der Bushaltestelle?
Sie warten.
Was tut der Schulbus? Er kommt pünktlich.
Was tun die Freundinnen?
Sie sitzen in der letzten Reihe.
Was tun viele Kinder während der Fahrt? Sie üben.

b.
Julia und Pia | fahren | morgens zusammen mit dem Bus zur Schule.

Sie | warten | an der Bushaltestelle.

Zum Glück | kommt | der Schulbus | meistens pünktlich.

Die Freundinnen | sitzen | oft in der letzten Reihe.

Während der Fahrt | üben | viele Kinder | Vokabeln.

3 **b.** Akkusativobjekte: Was gibt Julia ihrer Freundin? das Vokabelheft
Was hat sie oft geübt? die Vokabeln
Was verlassen sie bald darauf? den Bus
Was betreten die Kinder wenig später? den Klassenraum
Was zeigt Jonas dem Lehrer? den zerbrochenen Globus
Dativobjekte: Wem gibt Julia das Vokabelheft? ihrer Freundin
Wem winkt Pia fröhlich? dem Busfahrer
Wem zeigt Jonas den zerbrochenen Globus? dem Lehrer
Genitivobjekte: Wessen ist er sich bewusst? seiner Schuld

c. Julia gibt ihrer Freundin das Vokabelheft. Sie hat die Vokabeln oft geübt. Bald darauf verlassen sie den Bus. Pia winkt fröhlich dem Busfahrer. Wenig später betreten die Kinder den Klassenraum. Jonas zeigt dem Lehrer den zerbrochenen Globus. Er ist sich seiner Schuld bewusst.

4 *Diese Sätze könntest du aufgeschrieben haben:*

Die Mädchen | stellen | der Mutter | eine Frage.

Die Jungen | bringen | dem Freund | den Ball.

Die Lehrerin | erklärt | der Schülerin | eine Aufgabe.

Seite 87

1 **c.** *Diese adverbialen Bestimmungen des Ortes und der Zeit hast du sicher markiert:*
Die Schüler laufen in der Pause auf den Schulhof.
Leider ist am Klettergerüst eine Stange abgebrochen.
Der Hausmeister kommt gleich aus seinem Zimmer.
Er stellt sein Werkzeug vor dem Klettergerüst ab.
„Die Reparatur dauert etwa zwei Stunden“, meint er.
„Morgen könnt ihr wieder sicher klettern.“

2 Seit wann arbeitet der Hausmeister an dem Klettergerüst? seit zwei Stunden
Bis wann will er es repariert haben? bis zum Abend

3 **b. und c.**
Warum ist die Stange abgebrochen? wegen ihres Alters

Warum ist sie beschädigt? wegen der großen Belastung

Warum ist sie kaputtgegangen? wegen der Roststellen

Seite 88

1 **b. und c.**
Jonas | gibt | am Samstag | eine Geburtstagsparty.
Eine Geburtstagsparty | gibt | Jonas | am Samstag.
Am Samstag | gibt | Jonas | eine Geburtstagsparty.

Zu Hause | schreibt | er | seine Einladungskarten | mit dem Computer.
Seine Einladungskarten | schreibt | er | zu Hause | mit dem Computer.
Er | schreibt | seine Einladungskarten | zu Hause | mit dem Computer.

Jonas | gibt | am Montag | die Karten | seinen Freunden.
Am Montag | gibt | Jonas | die Karten | seinen Freunden.
Seinen Freunden | gibt | Jonas | die Karten | am Montag.

2 Alle | kommen | am Samstag | pünktlich.

Nur | Malina | ist | wegen ihrer Zahnschmerzen | zu Hause.

Eine besondere Überraschung | haben sich | Max und Carolin | ausgedacht.

Sie | gehen | eine Woche später | ins Fußballstadion.

Jonas | findet | dieses Geschenk | toll.

Sofort | legt | er | die Eintrittskarten | auf seinen Geburtstagstisch.

Seite 89

1 b. Sie bauen im Garten ein Zelt auf.
Linda schmückt es mit Lichterketten.
Der Vater hilft ihr, sie aufzuhängen.

2 b. *Diese Sätze könntest du aufgeschrieben haben:*
Es ist sehr schön. Linda sorgt für tolle Musik.
Sie bringt sogar Pawel und Maja zum Tanzen.
Sie rufen Linda ein Lob zu.

3 b. *Diese Sätze könntest du aufgeschrieben haben:*
Amari und Aida stapeln die schmutzigen Teller.
Jonas hat viele ausgelassene Gäste.

4 Die rote Salatschüssel | ~~auf dem kleinen Tisch~~ | ist | fast leer.
Am späten Abend | teilt | Sami | ~~allen Gästen~~ | Würstchen aus.

Seite 90

1 a. Am Nachmittag spielen Aylin und Ole Tischtennis.
Wann? adverbiale Bestimmung der Zeit
Boris und Yannik warten vor dem Schulgebäude.
Wo? adverbiale Bestimmung des Ortes
Peter und Michelle trinken Kakao.
Was? Akkusativobjekt
Herr Müller wischt die Tafel. *Wer? Subjekt*
Tina zeigt Dan den Weg zum Sekretariat.
Wem? Dativobjekt
Isabel und Amelie machen Hausaufgaben.
Was tun sie? Prädikat
Amelie ist sich ihrer Ergebnisse sicher.
Wessen? Genitivobjekt

2 Simons Bruder vergisst am ersten Schultag sein Pausenbrot.
Heute holt Anne wegen des Regens einen Schirm aus dem Flur.

3 *Diese Sätze könntest du aufgeschrieben haben:*
Lena schenkt Jan am Morgen die Geburtstagskarte.
Erdal und Sofie zeigen der Schwester in der Schule ein Jugendbuch.

4 Gestern | schenkte | Amelie | ihrer Freundin | einen farbigen Stift.
Amelie | schenkte | gestern | ihrer Freundin | einen farbigen Stift.
Ihrer Freundin | schenkte | Amelie | gestern | einen farbigen Stift.

5 *Diese Adjektive könntest du ergänzt haben:*
Am frühen Nachmittag kauft Noel sich ein großes Sandwich.

Auswertung „Teste dich!":
25–34 Punkte: Super!
17–24 Punkte: Das kannst du noch besser. Lies noch einmal die Merkkästen.
0–16 Punkte: Übe weiter. Versuche es dann noch einmal.

Seite 91

1 Emma wartet an der großen Reifenschaukel auf ihre Freundinnen, aber Mirabell und Carolin kommen nicht.
Emma wundert sich, denn sie haben sich in der Schule verabredet.

2 Emma will wieder gehen, aber da kommen Mirabell und Carolin herbei.
Die beiden Mädchen haben sich nicht beeilt, denn sie haben keine Uhr dabei.

3 Jasper möchte zu seinen Freunden nach draußen gehen, aber er muss lernen.
Für die Probearbeit gibt es viel zu tun, aber Jasper will heute noch Fußball spielen.
Die Freunde spielen nicht ohne Jasper, denn er ist der beste Stürmer.

Seite 92

1 blau, grün
Orhan und Katrin suchen in der Spielekiste die Schachfiguren, weil sie gern Schach spielen.
Das Spieleturnier auf dem Schulhof wird um eine Stunde verschoben, da es gerade sehr stark regnet.

2 *Diese Sätze könntest du aufgeschrieben haben:*
Leo ärgert sich, weil er ein Spiel verloren hat.
Frau Rieder klatscht in die Hände, da einige Kinder zu laut sind.

3 *Diese Sätze könntest du aufgeschrieben haben:*
Frieder kriecht unter den Tisch, weil er seinen Würfel sucht.
Frieder wundert sich, weil Nora den Würfel hat.
Endlich können die Kinder auf den Schulhof, da es aufgehört hat zu regnen.
Benjamin freut sich darüber, da er am liebsten Völkerball spielt.

Seite 93

1 blau, grün
Die Kinder lesen in den Spielregeln, dass der Jüngste beginnen darf.
Nele ist erstaunt, dass die Spielregeln so kompliziert sind.
Tido gefällt es, dass man bei diesem Spiel rechnen muss.

2 Tina weiß, dass der nächste Spielzug wichtig ist.
Orhan freut sich, dass er das Spiel gewonnen hat.
Er jubelt so laut, dass man es überall hören kann.
Mia bittet darum, dass sie in der nächsten Runde mitspielen darf.

3 Corinna ist überrascht, dass ein Spiel beim Schach lange dauern kann.
Es gefällt Franzi, dass sie schon einige Spielzüge kann.
Max hat gelernt, dass der König beim Schachspiel die wichtigste Figur ist.
Maja hofft, dass es in der Schule bald wieder einen Spielenachmittag gibt.
Frau Rieder freut sich, dass die meisten Schüler gute Verlierer sind.

Seite 94

1 blau, grün
Jonas, Navid, Orhan und Lena holen das Memo-Spiel, das ihnen sehr gefällt.
Orhan sucht ein Kärtchen, das noch niemand aufgedeckt hat.
Lena freut sich über das Kartenpaar, das sie gezogen hat.

2 Ein paar Kinder machen ein Buchstabenspiel, das lange dauert.
Die Mitspieler lesen das Wort, das Felix und Noel gelegt haben.
Marie schreibt die Punkte in ein Heft, das neben ihr liegt.

3 Mike probiert ein Computerspiel aus, das ganz neu ist.
Er trägt dabei ein Headset, das immer neben dem Computer liegt.

Seite 95

1 Ich komme pünktlich in die Schule, denn ich nehme das Fahrrad.
Der Wandertag fällt aus, denn es wird morgen regnen.
Wir nehmen an der Schulmeisterschaft teil, denn unsere Mannschaft war die beste.

2 Rafik glaubt an den Sieg seiner Mannschaft, weil alle Mitspieler viel trainiert haben.
Beim letzten Spiel wurde niemand verletzt, weil alle Spieler fair waren.

3 Luis ist froh, dass es nicht regnet.
Orhan wettet, dass Rafiks Mannschaft gewinnt.

4 Ayshe betritt das Stadion, das gut gefüllt ist.
Sie schaut sich das Spiel an, das bereits angefangen hat.

Auswertung „Teste dich!“:

15–18 Punkte: Super!
10–14 Punkte: Das kannst du noch besser. Lies noch einmal die Merkkästen.
0–9 Punkte: Übe weiter. Versuche es dann noch einmal.